Der Klingonische Morgenstern:

pomey Hov po Hov ghap

Ein Wiesel auf dem Kiesel

Martin Erik Horn

Klingonisch lernen mit Morgenstern:

Morgen	–	morning	–	po
Stern	–	star	–	Hov

po Hov   –   Stern des Morgens   =   des Morgens Stern

Es ist aber nicht ganz klar, ob nicht doch auch die Pluralform gemeint sein könnte:

(die) Morgen	–	mornings	–	pomey
Stern	–	star	–	Hov

pomey Hov   –   Stern der Morgen   =   der Morgen Stern

Wenn Sie solche Gedankenspiele mögen, sollten Sie klingonisch lernen. Schließlich ist Christian Morgenstern ein literarischer Stern aller Morgen, der jeden Morgen sprachlich erglühen lässt. Keinesfalls ist er nur ein Stern eines einzigen, schnell verblassenden Morgens.

Der klingonische Morgenstern: pomey Hov po Hov ghap

Ein Wiesel auf dem Kiesel

Martin Erik Horn

Der Verwendung dieses Textes zum Trainieren
von Sprachverarbeitungssystemem oder KI-Tools
aller Art wird nicht zugestimmt.

Bibliographische Information der Deutschen Nationalbibliothek:

Die Deutsche Nationalbibliothek verzeichnet diese Publikation in
der Deutschen Nationalbiographie;
detaillierte bibliographische Daten sind im Internet über

http://dnb.dnb.de

abrufbar.

Herstellung und Verlag:
BoD - Books on Demand, Norderstedt

ISBN: 978-3-7578-4707-4

Klingon for everybody, not only for Drosophila flies!

Star Trek und verwandte Marken sind Handelsmarken von CBS Studios Inc, siehe den Beitrag „Wem gehört die klingonische Sprache?" unter:

http://klingon.wiki/De/CopyrightProblem

Mit diesem Buch ist eine Urheberrechtsverletzung nicht beabsichtigt und wohl auch nicht möglich, siehe:

http://klingon.wiki/De/AxanarAnklage

Der Autor ist im Wissenschaftsbereich tätig und freut sich über Beiträge wie:

Samantha J. Butler, Sandip Ray, Yasushi Hiromi: Klingon, a novel member of the Drosophila immunoglobulin superfamily, is required for the development of the R7 photoreceptor neuron.
Development 124 (4), 781-792 (Feb. 1997).

Motomi Matsuno, Junjiro Horiuchi, Tim Tully, Minoru Saitoe: The Drosophila cell adhesion molecule Klingon is required for long-term memory formation and is regulated by Notch.
PNAS 106 (1), 310-315 (Jan. 2009).

Mai Shimozono, Jiro Osaka, Yuya Kato, Tomohiro Araki, Hinata Kawamura, Hiroki Takechi, Satoko Hakeda-Suzuki, Takashi Suzuki: Cell surface molecule, Klingon, mediates the refinement of synaptic specificity in the Drosophila visual system.
Genes to Cells 24 (7), 496-510 (July 2019).

Allerdings hat der Autor keine Ahnung von Biologie, Genetik oder etwa Jura. Und er hat nichts, aber auch absolut gar nichts mit den CBS Studios zu tun.

Das aesthetische Wiesel

Ein Wiesel
saß auf einem Kiesel
inmitten Bachgeriesel.

Wisst ihr,
weshalb?

Das Mondkalb
verriet es mir
im Stillen:

Das raffinier-
te Tier
tats um des Reimes willen.

Quelle:
www.projekt-gutenberg.org/morgenst/galgenli/chap002.html

Wir lernen klingonisch, indem wir dieses Gedicht von Christian Morgenstern (1871 – 1914) übersetzen. Es ist mittlerweile gemeinfrei und ohne weiteren Urheberrechtsschutz, so dass wir es hier sprachlich modifizieren und – wenn es schief geht – gegebenenfalls auch klingonisch verhuddeln und verhunzen dürfen. Aber es wird nicht schief gehen.

Die klingonische Sprache ist eine künstliche Sprache, die immer noch keinen fest umrissenen Wortschatz besitzt. Der Linguist Marc Okrand hat ihre Grundlagen entwickelt und ausformuliert. Auch heute noch erfindet er weitere klingonische Wörter und Wortwendungen, die dann in den klingonischen Wortschatz aufgenommen werden. Und nur von Marc Okrand selbst erfundene oder zumindest von ihm offiziell anerkannte Wörter gehören zum klingonischen Wortschatz.

Da aber zentrale Wörter noch fehlen, behelfen wir uns in der Übersetzung auch mit Umschreibungen.

Das nächste Problem ist: Marc Okrand ist Amerikaner und spricht englisch. Die von ihm erfundenen klingonischen Wörter liegen in eindeutig übersetzter Weise nur auf englisch vor. Klingonisch ist somit eine auf dem Englischen basierende Sprache – und sie enthält zahlreiche englische Lehenswörter.

In einem ersten Schritt entwickeln wir den von uns benötigten klingonischen Wortschatz, indem wir die vorgegebenen deutschen Wörter ins Englische übersetzen.

Erst danach übersetzen wir sie mit Hilfe von frei im Internet zugänglichen Seiten der Klingonen-Community in die klingonische Sprache. Unsere wesentliche Quelle ist dabei das Klingonenwiki unter:

http://klingon.wiki

Hier ist die Auflistung der von uns benötigten Wörter mit der jeweiligen englischen Übersetzung:

Das	–	the
ästhetische	–	aesthetic (brit.), esthetic (am.)
Wiesel	–	weasel
ein	–	a
saß	–	sat
auf	–	on
einem	–	a
Kiesel	–	pebble
inmitten	–	in the middle of
Bach	–	small stream, brook
Geriesel	–	trickling
wisst	–	know
ihr	–	you
weshalb	–	why
das	–	the
Mond	–	moon
Kalb	–	calf
Mondkalb	–	mooncalf, foolish person, simpleton, twit
verriet	–	revealed, disclosed
es	–	it
mir	–	me
im Stillen	–	on the quiet, quietly, secretly
raffinierte	–	subtle, clever, wily
Tier	–	animal
tats	–	did it
um	–	for, because of
des	–	the
Reim	–	rhyme
willen	–	sake
um … willen	–	for the sake of

Zentraler Protagonist des Gedichts von Christian Morgenstern ist ein Wiesel. Es versteht sich von selbst, dass wir dieses Wort zuerst übersetzen. Allerdings hat Marc Okrand bisher kein eindeutig klingonisches Wort für ein Wiesel auf der Erde erfunden.

Wiesel (https://de.wikipedia.org/wiki/wiesel) sind eine Untergattung der Familie der Marder (https://de.wikipedia.org/wiki/marder). Eine weitere Untergattung der Marder sind die Dachse (https://de.wikipedia.org/wiki/dachse), englisch: „badger".

Das aus dem Englischen stammende klingonische Wort{baDjer} ist somit ein Lehenswort. Auf dem klingonischen Heimatplaneten Kronos {Qo'noS} … kurze Unterbrechung …

… Kronos ist in der griechischen Mythologie der jüngste Sohn der Gaia, also der Erde, und des Uranos, also des Himmels. Die Star-Trek-Autoren bedienen sich recht oft in ziemlich frecher Art und Weise am kulturellen Erbe früherer Kulturen. Aber eins stimmt: Klingonisch und das ganze Klingonentum ist ein Kind der Erde. Klingonisch ist eine durch und durch irdische, menschliche Sprache …

Auf dem klingonischen Heimatplaneten Kronos {Qo'noS} gibt es also keine Dachse. Erst als die Klingonen auf der Erde welche sahen, übernahmen sie den irdischen, englischen Namen für diese Tiere als Lehenswort in ihre eigene Sprache.

Auf Kronos gibt es aber Tiere, die {Hajvav} genannt werden, und die irgendwie wieselähnlich sind. Es sind in gewisser Weise klingonische Wiesel. Das Wort {Hajvav} für dieses klingonische Tier setzt sich aus den Silben {Haj} für das Verb „sich sehr fürchten" bzw. „sich vor etwas sehr fürchten", „sich vor etwas grauen" und {vav} für Vater zusammen.

{Haj vav.} bedeutet somit wörtlich: „Der Vater fürchtet sich sehr." Das ist der typisch britische Humor des Amerikaners Marc Okrand.

Okrand liebt diese Wortspiele. Die gesamte klingonische Sprache ist durchzogen von solchen Zweideutigkeiten und seltsamen Anspielungen. Sie sind ein eigener kultureller Schatz und werden von Klingonen sehr gepflegt, was sich beispielsweise durch Wortspiele wie

vav jaH Hajvav.　　　–　　　Ein Wiesel geht zum Vater.

zeigt. Dieses Palindrom ändert sich beim Vorwärts- und Rückwärtslesen nicht.

Übrigens wird ein Vater umgangssprachlich im Englischen auch als „pop" bezeichnet wird. Die kulturelle Bedeutung dieses klingonischen Palindroms wird im Englischen durch die mächtige Gleichsetzung mit dem Kinderreim

vav jaH Hajvav.　　　–　　　Pop! Goes the Weasel.
　　　　　　　　　　　　　　　　(Pop goes the weasel.)

belegt. Die deutsche Übersetzung dieser populären englischen Kinderliedzeile (https://de.wikipedia.org/wiki/Pop!_Goes_the_Weasel) lautet also keinesfalls

vav jaH Hajvav.　≠　Zack, ich bin pleite!

Dies muss aufgrund des eindeutigen klingonischen Befunds dringend verworfen werden. Das Wiesel will halt zum Vater, weil {jaH} ein transitives Verb ist. „Ich gehe zu dir." oder „Ich komme zu dir." lautet im Klingonischen deshalb {qajaH.} und damit wörtlich: „Ich gehe dich." oder „Ich komme dich."

Das funktioniert grammatikalisch genauso wie beim starken Fürchten und Grauen: {qaHaj.} heißt wörtlich „Ich fürchte dich sehr." Die ausführlicheren Formulierungen „Ich fürchte mich sehr vor dir." oder „Mich graut vor dir." sind im Deutschen erlaubte Umschreibungen, die das Gleiche aussagen, aber grammatikalisch abschweifen.

10

Zurück zur klingonischen Übersetzung des deutschen oder vielmehr des irdischen „Wiesels". Wir fassen zusammen: Ein Wiesel, das auf der Erde lebt, ist in klingonischer Terminologie ein dachsähnliches Tier und wird zusammengesetzt als {baDjer Hajvav} bezeichnet werden. Kurz und knapp:

irdischer Dachs	–	baDjer
klingonisches Wiesel	–	Hajvav
irdisches Wiesel	–	baDjer Hajvav

Diese Zusammensetzung macht somit aus dem für Väter fürchterlichen Klingonenwiesel ein normales, dachsähnliches irdisches Wiesel.

Somit hätten wir unser Wort, das wir an zentraler Stelle zur Übersetzung des Gedichts von Christian Morgenstern benötigen:

irdisches Wiesel = baDjer Hajvav

Bevor wir die Übersetzungsbemühungen mit den anderen Wörtern fortsetzen, nutzen wir hier noch einmal die Gelegenheit, einen zentralen Aspekt der klingonischen Sprache zu vertiefen, und zwar die Wortstellung innerhalb eines Satzes.

Der Vater fürchtet sich sehr. – Haj vav.

Im Klingonischen muss die uns Mitteleuropäern vertraute Satzstellung umgedreht werden. {Haj vav} lautet also wörtlich: „Es fürchtet sich sehr der Vater."

Werden die beiden klingonischen Worte {Haj} und {vav} in der Reihenfolge vertauscht, dreht sich auch die inhaltliche Bedeutung des Satzes um:

Er/Sie/Es fürchtet den Vater sehr. – vav Haj.

11

{vav} für Vater ist hier das Objekt, vor dem sich ein nicht genanntes Subjekt in der 3. Person Singular, also er, sie oder es, mit {Haj} sehr fürchtet.

Diese Satzstellungsspiele sind große klingonische Kunst! Das zeigt sich auch an den folgenden Wortspielereien, bei denen wir auch die Position der Lücken zwischen einzelnen Worten im Auge behalten müssen.

1. Haj.

2. Haj vav.   6. vav Haj.

3. Hajvav Haj.   7. vav Haj vav.

4. Hajvav Haj vav.   8. vav Haj Hajvav.

5. Haj Hajvav.   9. Hajvav Haj Hajvav.

In diesen Beispielen fürchtet sich der Vater sehr:

2. Der Vater fürchtet sich sehr.

4. Der Vater fürchtet den klingonischen Wiesel sehr.

7. Der Vater fürchtet den Vater sehr.
   Ein Vater fürchtet einen Vater sehr.

Und hier fürchtet sich das klingonische Wiesel sehr:

5. Das klingonische Wiesel fürchtet sich sehr.

8. Das klingonische Wiesel fürchtet den Vater sehr.

9. Das klingonische Wiesel fürchtet das klingonische Wiesel sehr.
   Ein klingonisches Wiesel fürchtet ein klingonisches Wiesel sehr.

Und dann sind da noch die Fälle, in denen sich eine nicht näher ausgeführte 3. Person Singular oder Plural sehr fürchtet.

1. Er/Sie/Es fürchtet sich sehr.   ODER: Sie fürchten sich sehr.

6. Er/Sie/Es fürchtet den Vater sehr.
   ODER: Sie fürchten den Vater sehr.

3. Er/Sie/Es fürchtet das klingonische Wiesel sehr.
   ODER: Sie fürchten das klingonische Wiesel sehr.

Klingonische Väter und klingonische Wiesel fürchten sich auf Kronos also sehr, sehr gern, auch wenn sie das nie zugeben würden. Nur das irdische Wiesel, das fürchtet sich natürlich nicht sehr:

> Hajbe' baDjer Hajvav.

Stattdessen dichtet es.

Und der klingonische Dachs, was macht er? Natürlich fürchtet auch er sich nicht sehr:

> Hajbe' Hajvav baDjer.

Aber das sollten wir ignorieren, denn einen klingonischen Dachs {Hajvav baDjer}, den gibt es einfach nicht. Wir müssen schon eine Lücke in die Schreibweise des klingonischen Dachses einfügen, um eine sinnvolle Aussage über eine mögliche Fürchterei zu erhalten. Damit machen wir aus dem nicht existierenden klingonischen Dachs {Hajvav baDjer} einen irdischen Dachs, der dem Vater gehört und sich sehr fürchtet:

Haj vav baDjer.   –   Der Dachs des Vaters fürchtet sich sehr.

Aber Dachse haben im Gedicht von Christian Morgenstern nichts verloren. Bleiben wir also bei den Wieseln.

Auf unserem schönen Planten Erde gibt es eigenartigerweise zwei Sorten Wiesel. Es gibt das Wiesel und es gibt den Wiesel.

Das Wiesel ist das Tier, über das wir die ganze Zeit sprechen.

Der Wiesel ist ein leichter Panzer, der ab 1990 in der Bundeswehr eingesetzt wird, siehe beispielsweise:

https://de.wikipedia.org/wiki/Wiesel_(militärisches_Kettenfahrzeug)

Dieser leichte Panzer ist männlich, während das Wiesel ein Neutrum ist. Leider werden Klingonen diesen sprachlichen Unterschied nie verstehen, da es in der klingonischen Sprache keine Artikel gibt.

Dies war auch der Grund dafür, dass die Übersetzung der Beispielsätze (7) und (9) nicht eindeutig angegeben werden konnte. Es existiert einfach kein „der/die/das", kein „des/dem/den", kein „ein/eine/einem/einer/eines/einen", etc.

Das macht die klingonische Sprache einfach, wenn man sie lernen will. Es müssen keine Artikel gelernt werden.

Und das macht klingonische Texte schwierig, wenn man sie lesen möchte. Denn es muss exakt auf den Kontext geachtet werden, um sie inhaltlich möglichst richtig zu verstehen.

Allerdings gibt es einen Ersatz für den Artikel, wenn ein Objekt oder eine Person sprachlich herausheben werden soll. Diesen Ersatz kennen wir auch im Deutschen. Wir sprechen dann von **diesem** Objekt oder **dieser** Person. Das entsprechende Deute-Pronomen wird im

Klingonischen nicht dem Substantiv vorangestellt, sondern als Nach-silbe angehängt. Diese Nachsilbe lautet {-vam}.

Hier einige Beispiele für Substantive, die bisher in diesem Buch auf-getaucht sind:

po	–	Morgen	povam	–	dieser Morgen
Hov	–	Stern	Hovvam	–	dieser Stern
vav	–	Vater	vavvam	–	dieser Vater
baDjer	–	Dachs	baDjervam	–	dieser Dachs
baDjer Hajvav	–	Wiesel			
			baDjer Hajvavvam	–	dieses Wiesel

In unserem Gedicht ist jedoch von „einem Wiesel" die Rede, so dass wir keine Umformulierung für „das Wiesel" in Form einer Hervor-hebung als „dieses Wiesel" benötigen.

Allerdings ist weiter unten die Sprache von: „das raffinierte Tier". Und auf dieses Tier kann mit Hilfe der Nachsilbe {-vam} in der Tat sprachlich gedeutet werden.

Wie lautet das Wort für Tier nun auf klingonisch? Das ist eine lange Geschichte, und wenn Sie sie kennenlernen möchten, sollten Sie sich einmal das Youtube-Video von Marc Okrand ansehen. Es ist auf englisch und Sie finden es hier unter der folgenden Internetadresse:

www.youtube.com/watch?v=e5Did-eVQDc

Diese launig vorgestellte Präsentation enthält auch die Geschichte des Entstehungsprozesses der klingonischen Sprache – und wie Marc Okrand dazu kam, klingonisch überhaupt zu erfinden.

Auf jeden Fall besteht der klingonische Grundwortschatz aus sehr dichten, kurzen Worten. Die allermeisten dieser Worte bestehen aus nur drei Buchstaben. Man spürt diesem Grundwortschatz förmlich an, dass er mit der Intention entwickelt wurde, eine hochkondensierte, knappe Sprache zu ermöglichen. So sind die allermeisten Sätze auf deutsch deutlich länger als auf klingonisch, wenn sie ausgeschrieben werden.

Das klingonische Wort für Tier stellt eine Ausnahme von dieser extremen sprachlichen Dichte dar. Es ist deutlich länger als drei Buchstaben und lautet:

Tier — animal — Ha'DIbaH

{Ha'DIbaH}, das ist ein Wort aus acht Buchstaben. Der Stoppbuchstabe {'} in Form eines kleinen hochgestellten Striches zählt als eigenständiger Buchstabe immer mit.

Dieses seltsame Wort setzt sich aus drei Silben, die im Klingonischen auch als eigenständige Wörter existieren, zusammen:

Los geht's! — Let's go! Come on! — Ha' !
Schutt, Abfälle — litter, rubble, debris — DI
(ein Torpedo) abfeuern — fire (a torpedo) — baH
Wir feuern sie (die Torpedos) ab.
— We fire them (the torpedoes). — DIbaH.

Wortwörtlich kann ein Tier somit als so etwas wie

Los geht's! Wir feuern Torpedos ab. — Ha'! DIbaH.

gesehen werden. Viel Sinn macht das auf den ersten Blick nicht, aber wir wissen ja nicht so genau, was für Tiere es auf Kronos noch so gibt, vielleicht Bombadierkäfer in der Größe von Giraffen.

Auf jeden Fall zeigt uns diese Wortbildung sprachlich eindrucksvoll, dass die Tierwelt auf Kronos das macht, was Bombadierkäfer auf der Erde (https://de.wikipedia.org/wiki/Bombardierkäfer) auch so tun.

Nur macht die klingonische Tierwelt das eben in einer dramatisch größeren Größenordnung als die harmlose Tierwelt unseres eigenen Planeten.

Die Erzählung, dass das Wort {Ha'DIbaH} einfach nur eine Adaption des englisch gesprochenen Wortes „animal" sei, weil beim Drehen von Star Trek die Filmcrew auf einmal eine englisch gedrehte und gesprochene Szene in klingonischer Sprache haben wollte, ohne die ganze Szene noch einmal neu drehen zu müssen, kann daher zwanglos verworfen werden.

Hier also nun die für das Gedicht vorgesehene klingonische Formulierung:

das Tier   →   dieses Tier   —   Ha'DIbaHvam

Welche weiteren klingonischen Substantive werden benötigt?

Ganz am Ende des Gedichts findet sich die Formulierung „um des Reimes Willen". Also benötigen wir ein Wort für „Reim". Von der inneren Logik des Klingonischen Wörterbuchs ausgehend, müsste das klingonische Wort für das Verb

sich reimen mit   —   to rhyme with   —   Sa

durch den dort in Abschnitt 3.2.2. vorgegebenen Prozess substantiviert werden können. Durch Anhängen der substantivistischen Nachsilbe {-wI'} wird aus einem Verb, das ein Tun beschreibt, eine Person oder ein Ding, die oder das genau dies tut.

Ding, das sich reimt = das sich Reimende = Reim   —   SawI'

Doch Pustekuchen, hier liegen wir falsch. Das Wort {SawI'} ist von Marc Okrand offiziell nicht anerkannt und findet sich – zumindest bis jetzt – nicht auf der Auflistung der offiziell im Klingonischen zugelassen Worte unter

http://klingon.wiki/Word/Contents

Das passiert einigen Wörtern. Beispielsweise gibt es das offizielle Verb {Sop} für essen. Es gibt jedoch kein offizielles Wort für Leute, die essen, also für Essende. {SopwI'} ist nicht Teil der kanonischen klingonischen Sprache, da bis heute keine offizielle Anerkennung durch Marc Okrand vorliegt.

Aber das Erstaunliche ist: Es existiert ein offiziell anerkanntes, durch Marc Okrand belegtes und bestätigtes Wort für „Speisesaal", „Kantine" oder militärisch alternativ das „Kasino" für hungrige Offiziere, die etwas essen wollen: {SopwI'pa'}, der Raum der Essenden.

{SopwI'} bedeutet also doch irgendwie eindeutig „Essender" und jeder Klingonist (klingonischer Linguist) wird dieses Wort verstehen, auch wenn er es im kanonischen Klingonischen nicht verwenden darf.

Das alles ist hochgradig unlogisch und auch hochgradig vorläufig. Warten wir also die Entwicklung der klingonischen Sprache in den nächsten hundert Jahren ab und schauen dann erneut in die offizielle Vokabelliste des Klingonischen.

Auf der oben angegebenen Internetseite der offiziell anerkannten klingonischen Worte können wir jedoch ein alternatives Wort für „Reim" finden. Es lautet rechte eigenartig und weltfremd: {pa'jaH}. {pa'jaH} setzt sich aus zwei Silben zusammensetzt. Hier deren Bedeutung:

pa' – room, enclosed area, there, thereabouts, over there
     – Raum, Zimmer, eingeschlossenes Gebiet, das Dortige, der Platz dort, der Platz dahinten, das Gebiet dort drüben (Achtung: there, thereabouts und over there sind Substantive im Klingonischen.)

18

jaH	–	to go	–	gehen (Dieses Verb kennen wir schon.)
pa'jaH	–	rhyme	–	Reim

Die Wahl dieses Wortes durch Marc Okrand hat schon einen verständlichen Grund: Er möchte das Klingonische wie eine echte, lebensweltlich verankerte Sprache aussehen lassen, die von Rissen und logischen Spannungen durchzogen ist.

Man soll dem Klingonischen seine schöne und tatsächlich sehr elegante feste Struktur nicht ansehen. Diese phantastische formvollendete künstliche Sprache soll eben nicht formvollendet und nicht künstlich und damit eben leider auch nicht phantastisch wirken. Das ist schade. Aber es ist, wie es ist. Und seien wir Optimisten: In hundert Jahren wird es sicherlich ein {SawI'pa'}, das Wort für einen Gedichtsvorlesesaal, einen Saal zum Rezitieren vogonischer Gedichte, geben.

Was hat es nun mit dem Wort {pa'jaH} auf sich? Mit Lücke geschrieben ergibt sich der Satz:

pa' jaH.	–	Er/Sie/Es geht zum Raum.
		Er/Sie/Es geht zum Zimmer.

Bitte nicht verwechseln mit:

pa'Daq jaH.	–	Er/Sie/Es geht im Raum herum.
		Er/Sie/Es geht im Zimmer herum.
pa' lujaH.	–	Sie gehen zum Raum/Zimmer.
pa'Daq jaH.	–	Sie gehen im Raum/Zimmer herum.

Die korrekte Benutzung von {jaH} ist eine Kunst, die Marc Okrand in einem Interview vom Dezember 1998 erklärt hat. Dieses Interview ist eine wichtigste Primärquelle, in der Marc Okrand den Unterschied zwischen transitiven und nicht-transitiven Verben erläutert. Und es zeigt, was Klingonisten an der klingonischen Sprache so phasziniert.

Im Internet ist es unter

http://klingon.wiki/En/HolQeDv7n4

oder im Archiv der Schwedischen Klingonisch-Akademie (Klingon-ska Akademien Uppsala) unter

http://klingonska.org/canon/1998-12-holqed-07-4.txt

zu finden. Und es ist nicht nur ein wichtiger, sondern auch ein lesenswerter Text.

Trotzdem stellt sich uns weiterhin die Frage:

Er geht zum Zimmer = Reimen ?

Solche Anspielungen (englisch: puns) sind typisch für Marc Okrand. Unzählige Wörter hat er mit ganz eigenen Hintergedanken konstruiert. Zwei bei Weitem nicht vollständige Listen findet sich unter

http://klingon.wiki/En/Puns
http://klingon.wiki/De/Wortspiele

Ein solches Wortspiel ist dort für den Begriff „Rhythmus" {jaghIv} aufgeführt. Rückwärts gelesen ergibt sich: {vIghaj}, (gh) ist dabei ein einziger Buchstabe für eine konventionelles, mitteleuropäisches „r". Dies bedeutet:

ghaj.	–	Er hat es.
vIghaj.	–	Ich habe es.
jaghIv vIghaj.	–	Ich habe den Rhythmus.

„Ich habe den Rhythmus." (I Got Rhythm) ist der Titel des bekannten Librettos aus dem Gershwin-Musical „Girl Crazy".

Also schreiben wir rückwärts:

pa' jaH.	–	He goes to the room.	–	Er geht zum Zimmer.
Haj	–	dread	–	Grauen, Schrecken
'ap	–	to be dented	–	verbeult sein
Haj 'ap	–	dented dread	–	verbeultes Grauen

Das erinnert doch schon sehr an den armen Arthur Dent aus dem Science-Fiction-Klassiker „Per Anhalter durch die Galaxis" von Douglas Adams, in dem der verbeulte Arthur (also ein Wortspiel im Wortspiel) zusammen mit Ford Perfect sich der grauenvoll verbeulten vogonischen Dichtkunst hingeben muss.

Marc Okrand mag wohl keine Gedichte, sie sind für ihn „verbeultes Grauen". Aber die Vogonen, die mag er offensichtlich. Oder aber wir sind nachsichtiger und interpretieren „dented dread" als „Arthurs Grauen.

Das also sind Reime: Arthurs verbeultes Grauen!

Dann kommen wir zum nächsten Substantiv, das übersetzt wird: Kiesel.

Im Gedicht sitzt das Wiesel auf einem Kiesel. Ganz explixit steht dort: **ein** und nur **ein** einziger Kiesel. Damit muss gemeint sein, dass das Wiesel auf einem vielleicht etwas größeren Kieselstein sitzt. Damit ist klar, dass Christian Morgenstein nicht bewusst war, welche Kieselgrößen das Deutsche Institut für Normung später einmal als Normgrößen für Kieselsteinsorten festlegen würde, und zwar

Kies-Klassifikation	Korngröße (Durchmesser)
Grobkies	20,0 – 63,0 mm
Mittelkies	6,3 – 20,0 mm
Feinkies	2,0 – 6,3 mm

Größere Kieselsorten gibt es heute nicht.

Da jedoch selbst das Maus- oder Zwergwiesel mehr als mindestens zehn Zentimeter lang ist (https://de.wikipedia.org/wiki/Mauswiesel), muss auch der Morgensternsche Kieselstein größer als zehn Zentimeter sein.

Der Kieselstein ist dann gemäß DIN-Norm kein Kieselstein mehr, sondern kann ohne zu lügen mit der klingonischen Bezeichnung als „Stein" bezeichnet werden. Diese klingonische Bezeichnung lautet:

nagh   —   rock, stone   —   Fels, Stein

Um eine Verwechslung mit einen Riesenfelsen zu vermeiden und klarzustellen, dass es sich nur um ein kleines Steinchen handelt, ist es sinnvoll, hier die Verkleinerungsform (Diminutiv) zu verwenden. Sie wird im Klingonischen durch Anfügen der Nachsilbe {-Hom} gebildet.

Ein paar Substantive kennen wir ja schon. Beispiele für eine solche Verkleinerung sind dann:

Hov	—	Stern	HovHom	—	Sternchen
vav	—	Vater	vavHom	—	Väterchen
pa'	—	Raum	pa'Hom	—	Räumchen
SopwI'pa'	—	Speisesaal	SopwI'pa'Hom	—	Speisesälchen
Ha'DIbaH	—	Tier	Ha'DibaHHom	—	Tierchen
nagh	—	Stein	naghHom	—	Steinchen

Doch Achtung: Im Deutschen ist die Verkleinerung oft auch mit einer Verniedlichung verbunden:

pa'	—	Zimmer	pa'Hom	≠	Zimmerlein
pa'jaH	—	Reim	pa'jaHHom	≠	Reimlein

Das funktioniert im Klingonischen so nicht, denn für eine Verniedlichung gibt es im Klingonischen eine eigene Nachsilbe, und zwar {-oy}:

pa'	–	Zimmer	pa'oy	–	Zimmerlein
pa'jaH	–	Reim	pa'jaHoy	–	Reimlein

Für Morgensterns Gedicht nehmen wir also:

Kieselstein = kleiner Stein = Steinchen – naghHom

Damit können wir uns um das nächste Substantiv kümmern:

Mond	–	moon
Kalb	–	calf
Mondkalb	–	mooncalf, foolish person, simpleton, twit

Wir haben somit zwei Möglichkeiten. Entweder wir übersetzen Mondkalb kurz und knapp direkt mit „foolish person, simpleton, twit", also dem Wort für Dummkopf oder Trottel, das im Klingonischen Wörterbuch angegeben ist:

Dummkopf, Trottel – fool – qoH

{qoH} klingt wie „Koch", zumindest im Deutschen. Ist das eine Anspielung, ein Pun? Hat Marc Okrand beim Erfinden also an die Tea-Party-Koch-Brüder gedacht?

In der Liste der Puns (http://klingon.wiki/En/Puns) taucht das Wort {qoH} nicht auf, doch selbst wenn Marc Okrand bei seiner klingonischen Wortwahl nicht an irgendwelche kochende Klimawandelleugner und Tea-Party-Trottel gedacht haben sollte, ist nicht ausgeschlossen, dass ihm die Geschichte nachträglich recht gibt.

Und auf Wikipedia lesen wir nun: „Nach der Invasion der Ukraine durch Russland im Februar 2022 begrenzte oder beendete Koch Industries im Gegensatz zu vielen anderen Konzernen die Geschäftstätigkeit in Russland nicht. Das Unternehmen unterstützte stattdessen

Gruppen, die gegen Sanktionen opponierten."
Quelle: https://de.wikipedia.org/wiki/Koch_Industries
        [abgerufen am 04. Juli 2023, 23:39]

Aus heutiger Sicht wäre das Wort {qoH} also auch ein guter Kandidat für „absolute Niedertracht und Unmoral" gewesen. Dies wollen wir nicht in unserer Gedichtübersetzung haben. Deshalb suchen wir lieber nach einer ausführlicheren, bildstärkeren Übersetzung von „Mondkalb".

Für „Mond" gibt es eine direkte Übersetzung:

Mond   –   moon   –   maS

In Marc Okrands weiter Verwandschaft gibt es sicherlich auch jemanden, der Sam heißt, rückwärts gelesen also klingonisch {maS}.

Marc Okrand hat alle, aber auch wirklich alle seine Verwandten und Bekannten in seinen klingonischen Worterfindungen verewigt. Und Sam musste auch immer die Zeche bezahlen, „to stand Sam", so wahr ich hier stehe, „upon my Sam!" Die haben es nicht leicht, die Verwandten von Marc Okrand, besonders die nicht, die ein Mondgesicht haben und Sam heißen.

Für das englishe Wort „calf" gibt es eine direkte Übersetzung, doch diese hilft uns leider nicht weiter:

Wade   –   calf   –   Do'ghI'

Ein {Do'ghI} ist kein englisches Kalb, sondern Teil des englischen Fußes. Dieses Wort bedeutet „Wade".

Mit dem Kalb, also einer jungen Kuh, ist es genauso wie mit dem Wiesel. Kühe gibt es wohl auf Kronos nicht und deshalb gibt es auch keine eigenständig klingonische Bezeichnung für „cow", Kuh, oder

„calf", Kalb. Wir müssen also wieder improvisieren und eine Umschreibung finden.

Offensichtlich gibt es auf Kronos aber ein Tier, das wie ein Stier aussieht: {tangqa'}. Die einzelnen Silben bedeuten:

tang	–	to trip, to stumble	–	stolpern
-qa'	–	to do again (verb suffix)	–	erneut tun
tangqa'	–	He stumbles again.	–	Er stolpert erneut.

{tangqa' tangqa'.} bedeutet also so etwas wie: Der klingonische Stier ist gestolpert, dann ist er ohne Stolpern normal weitergelaufen (die Stolperei hat aufgehört) – und nun stolpert er erneut.

Ausführlich eigentlich im Klingonischen als:

tang tangqa' 'ej tangta' 'ej tangqa'.   … wenn die zeitweise Stolperei des klingonischen Stiers absichtlich erfolgt.

tang tangqa' 'ej tangpu' 'ej tangqa'.   … wenn der klingonische Stier immer nur unabsichtlich stolpert.

Ob etwas absichtlich oder unabsichtlich getan wurde, wird im Klingonischen somit ebenfalls durch ein Verbsuffix, eine Nachsilbe ausgedrückt, siehe {tangta'}, was absichtlich war, und {tangpu'}, was unabsichtlich erfolgt. Damit kennen wir jetzt drei Verbsuffixe:

-qa'	–	to do again
	–	etwas, was man unterbrochen hat, erneut tun
-ta'	–	to have accomplished, to have done
	–	etwas absichtlich tun und erfolgreich abschließen/beenden
-pu'	–	to be completed, to be finished
	–	etwas, was unabsichtlich getan wurde, hat aufgehört/wurde beendet

25

Ein {tangqa'} hört sich sprachlich tatsächlich so an wie ein Tollpatsch, ein Trottel oder Einfaltspinsel „simpleton", „twit", oder ein Dummkopf „foolish person", der durch das Leben stolpert, ein Mondkalb eben. Das ist genau das richtige Wort für uns obwohl es eigentlich ein klingonischer Stier ist.

Nebenbei: Die Bildung dieser Stotterwörter (siehe: http://klingon.wiki/De/Stotterwörter.) ist eine eigenständige klingonische Kunstform, die echte Klingonen hingebungsvoll pflegen.

Nun müssen wir den klingonischen Stier nur noch zum Kalb machen und dann dem Mond zuordnen.

Wie aus einem Stier ein kleiner, junger Stier, also ein Kalb wird, schauen wir uns beim Menschen an:

	lod	–	man, male	–	Mann
→	lodHom	–	boy	–	Junge
	be'	–	woman, female	–	Frau
→	be'Hom	–	girl	–	Mädchen
	mang	–	soldier	–	Soldat
→	manghom	–	cadet	–	Kadett

Es gibt übrigens auch Ausnahmen, die aus dem umgangssprachlichen Bereich kommen:

	pIn	–	boss	–	Chef
→	pInHom	–	apron (clothing)	–	Schürze
und eben nicht:			junior boss	–	Juniorchef

Das liegt daran, dann eine Latzschürze im englischen auch als „pinafore" oder kurz „pinny" bezeichnet wird.

Bleiben wir aber beim klingonischen Stier, den wir im übertragenen Sinn verkleinern und literarisch zum Kalb degradieren:

tangqa'	–	bull-like animal	– klingonischer Stier
→ tangqa'Hom	–	young and small bull-like animal,	
		calf-like animal	– klingonisches Kalb

Wie beim Krokodil {tera' bIQ lung'a'}, das wörtlich als {lung'a'}, also als großes {lung}, einem großen klingonischen eidechsenartigen Tier des Wassers {bIQ} der Erde {tera'} bezeichnet wird, kann aus dem klingonischen Kalb durch Kombination mit dem Wort für unseren Planeten Erde {tera'} ein irdisches Kalb gemacht werden:

tera' tangqa'Hom	–	calf of the earth	– Kalb der Erde, irdisches Kalb

Aber wir wollen ja kein Kalb der Erde, sondern ein Mondkalb:

maS tangqa'Hom	–	calf of the moon	– Kalb des Monds, Mondkalb

Nebenbei trifft sich das ganz gut mit der sprachlichen Ontogenese des {tangqa'}, also seiner sprachlichen Entstehungsgeschichte.

Dieser Begriff wurde zum ersten Mal bei der Übersetzung des Gilgamesch-Epos ins Klingonische benötigt, denn dort bekämpfen Gilgamesch und Enkidu offenbar den Himmelsstier (Bull of the Heaven), den {QI'tu' tangqa'}, der als klingonischer Stier {tangqa'} des Paradieses {QI'tu'} umschrieben wird.

Und hier haben wir nun kein Paradies, sondern halt nur den profanen Mond {maS}. Aber für das Gedicht von Christian Morgenstern ist das eine angemessene und prächtig aussagekräftige Umschreiben. Unser Mondkalb nennen wir {maS tangqa'Hom}.

Darüber hinaus ist der echte Mond und das echte Kalb eine der charakterischen Vorstellungen, die Christian Morgenstern vor unserem inneren Auge aufleuchten lässt. Dies nur im übertragenen Sinne als

„Dummkopf" zu übersetzen, würde dem Gedicht einen wesentlichen Assoziationsanker nehmen.

Auch deshalb entscheiden wir uns gegen {qoH} und für {maS tangqqa'Hom} als literarisch-klingonische Übersetzung des Begriffs „Mondkalb".

Als letztes fehlendes Substantiv suchen wir nun die Übersetzung des Wortes „Bachgeriesel". Dazu muss gesagt werden: Der aktuelle klingonische Wortschatz ist deutlich unterentwickelt. Ein kanonisch anerkanntes Wort für „Bach" und für „Geriesel" gibt es nicht.

Also starten wir mit dem „Bach". Im Klingonischen gibt es ein Wort für „Fluss":

bIQ	–	water	–	Wasser
tIq	–	to be long	–	lang sein
tIq bIQ.	–	The water is long.	–	Das Wasser ist lang.
bIQ tIq	–	long water	–	langes Wasser
bIQtIq	–	river	–	Fluss

Hier erkennen wir, wie die Adjektivbildung im Klingonischen funktioniert. Das Zustands- oder Eigenschaftsverb „lang sein" {tIq} kann mit einem Substantiv zu einem Satz zusammengestellt werden, indem es dem Substantiv vorangestellt wird. Das passiert oben in der dritten Zeile: „Das Wasser ist lang." ist ein Satz, siehe Punkt am Ende.

Wird die Reihenfolge umgedreht und das Substantiv steht an erster Stelle, gefolgt vom Eigenschaftsverb, wird das Eigenschaftsverb (hier „lang sein") zu einem Adjektiv (hier: „lang"). Es handelt sich dann um keinen Satz mehr sondern um die Wortkombination „langes Wasser". Adjektive stehen im Klingonischen also hinter dem Hauptwort, während sie sich im Deutschen vor dem Hauptwort befinden.

Und eigentlich sind es auch gar keine Adjektive: „There are no adjectives as such in Klingon", schreibt Marc Okrand in seinem Klingonischen Wörterbuch. Wortwörtlich müsste man {bIQ tIq} konsequenterweise auch nicht als „langes Wasser", sondern als „Wasser, das lang ist", übersetzen.

Und wird dieses Wasser, das lang ist, {bIQ tIq} nun ohne Lücke zwischen den beiden Worten {bIQ} und {tIq} zusammengesetzt als {bIQtIq} geschrieben, dann haben wir das klingonische Wort für „Fluss".

So, den Fluss, den haben wir. Um daraus einen Bach, also einen kleinen, kurzen Fluss zu machen, könnten wir der obigen Logik folgen und schreiben:

bIQ	–	water	–	Wasser
run	–	to be short	–	kurz sein
run bIQ.	–	The water is short.	–	Das Wasser ist kurz.
bIQ run	–	short water	–	kurzes Wasser
lang	–	to be thin	–	dünn sein
lang bIQ.	–	The water is thin.	–	Das Wasser ist dünn.
bIQ lang	–	thin water	–	dünnes Wasser

Ein Bach wäre also in er Logik klingonischer Spracherfindung ein {bIQrun}, ein Kurzwasser, oder ein {bIQlang}, ein Dünnwasser, oder aber sogar ein {bIQrunlangje}, ein Kurzunddünnwasser. Aber das alles ist inoffizielles, spekulatives, hypothetisches Klingonisch. Marc Okrand hat es so nicht anerkannt. Punkt. Es ist kein kanonisches Klingonisch. Punkt. Wir dürfen diese von uns erfundenen Worte nicht verwenden. Punkt. Echte Klingonisten sind da sehr strikt. Der einzige, der klingonische Worte erfinden darf, ist Marc Okrand. Punkt.

Uns bleibt nur wieder die Verkleinerungsform per Nachsilbe {-Hom}. Ein Bach ist eben ein kleiner Fluss:

bIQtIq	–	river	–	Fluss	
bIQtIqHom	–	minor river	–	Minifluss	= Bach

Oder aber wir fügen sicherheitshalber noch das Eigenschaftsverb {mach} für „klein sein" an, aber mit Lücke. Dann ist es auch im kanonischen Klingonisch erlaubt:

bIQtIqHom mach – small minor river – kleiner Minifluss = Bach

Und vielleicht sitzt das Wiesel in einem ganz, ganz kleinen Minifluss. Dann wird hinter dem adjektivierten Eigenschaftsverb die Nachsilbe {-qu'}, ein sogenannter Rover für „sehr" angefügt:

bIQtIqHom machqu' – very small minor river
 – sehr kleiner Minifluss = Bach

Und was ist nun mit dem Geriesel, englisch „trickling"? Wo sitzt unser Wiesel, wenn es inmitten des Geriesels sitzt? Auch da gibt es offenbar keinen kanonischen Ausdruck. Aber es gibt eine lustige, inoffizielle, nicht-kanonische Beschreibung für etwas, das ganz ähnlich wie ein Wasser-Geriesel ist …

Auf der klingonischen Online-Jahres-Convention 2021 {qep'a' 28} traf sich eine klingonische Pokémon-Gruppe {poqe'mon}, um klingonische Pokémon-Namen zu entwerfen. In der so erstellten Namensliste taucht auch ein klingonischer Namen für den Pokémon-Typ „Magmar" auf. Dieser Name, {vaHbor}, ist zwar nicht kanonisch, setzt sich aber aus zwei kanonischen Wörtern zusammen:

vaHbo'	–	lava	–	Lava
bor	–	to gurgle	–	gurgeln, glucksen, gluckern, plätschern

Es handelt sich also um einen Lavagurgler, wobei das Gurgeln sich nicht auf die Tätigkeit des Gurgelns an sich, sondern auf das Geräusch des Gurgelns bezieht. Es handelt sich also um ein auditiv-akustisches Verb, was auch durch die kanonisch abgesicherte Verstärkung mit Hilfe der Rover-Nachsilbe {-qu'} belegt wird:

borqu'	–	to thunder	–	donnern (Slang)
tuD	–	to thunder	–	donnern (Hochsprache)

Dieses Wort {borqu'} entstammt zwar der klingonischen Umgangssprache und nicht der aus dem Bezirk Kling {tlhIng yoS} kommenden klingonischen Hochsprache. Es legitimiert aber das Wort {bor} als ein Verb für das klingonische Plätschern eines Baches. Allerdings plätschert dann nicht Lava {vaHbo'}, sondern eine Flüssigkeit {betgham}:

bor vaHbo'.	–	The lava gurgles.	–	Die Lave gurgelt.
borqu' vaHbo'.	–	The lava thunders.	–	Die Lava donnert.
bor betgham.	–	The liquid gurgles.		
	–	Die Flüssigkeit plätschert.		
borqu' betgham.	–	The liquid thunders.		
	–	Die Flüssigkeit donnert.		

Die linguistische Gefahr, einen umgangssprachlichen Ausdruck in einer problematischen Art und Weise zu nutzen, können wir reduzieren, indem wir zum hochsprachlichen Begriff wechseln:

tuD vaHbo'.	– The lava thunders.	– Die Lave donnert.	
loQ tuD vaHbo'.	– The lava thunders a little bit.	= The lava gurgles.	
	– Die Lava donnert ein kleines bisschen.		
		= Die Lava gurgelt.	
tuD betgham.	– The liquid thunders.	– Die Flüssigkeit donnert.	
loQ tuD betgham.	– The liquid thunders a little bit.		
		= The liquid gurgles.	
	– Die Flüssigkeit donnert ein kleines bisschen.		
		= Die Flüssigkeit plätschert.	

Hier findet sich das Adverb {loQ}, „ein wenig", „ein kleines bisschen" zu Beginn des Satzes, das die Aktion des Verbs in seiner Intensität reduziert und deutlich abschwächt.

Allerdings könnte das Plätschern auch mehr ein Spritzen sein, ein englischer Splash! Zum Glück gibt es dafür ein kanonisches Wort, auch wenn dies auf den ersten Blick eigenartig zusammengesetzt ist. Rückwärts gelesen ergibt sich ein Bob, der dauernd anderen etwas aufzuzwingen versucht, wahrscheinlich wieder irgend so ein Nachbar, vielleicht der Ehemann von {jIl}:

| bobDar | – | splash | – | Spritzer, Platschen |
| … raD bob. | – | Bob compels … | – | Bob erzwingt … |

Das Geräusch dieses Spitzers ergibt sich mit Hilfe des Verbs {tlhen}:

tlhen	–	to sound as, to produce the sound of
	–	klingen wie, das Geräusch erzeugen von
bobDar tlhen.	–	It produces a sound of a splash.
	–	Es klingt wie das Geräusch eines Spritzers.
netlh raD bob.	–	Bob erzwingt zehntausend … (denn die lateinischen Buchstaben {tlh} müssen als ein einziger klingonischer Buchstabe gedeutet werden.)

Das rückwärts Gelesene, war das eine Erpressung?

Aber das Geräusch eines plätschernden Bachs, ein Bachgeriesel, erhalten wir erst, wenn sehr viele Wasserspritzer diesen Lärm machen. Wir benötigen somit die Pluralform:

bobDarmey tlhen.	–	It produces the sound of splashes.
	–	Es klingt wie das Geräusch von Spritzern.
netlh yem raD bob.	–	Bob erzwingt zehntausend Sünden.

Nein, das kann nicht sein. {yem} ist kein Substantiv, sondern ein

Verb: sündigen. Nach {raD} müsste als Objekt jedoch ein Substantiv folgen. Was hat Bob also zehntauscndfach erzwungen? Warten wir es ab. Irgendwann wird Marc Okrand vielleicht oder vielleicht auch nicht eine zweite, substantivistische Übersetzung für das klingonische Wort {yem} vorlegen. So, wie er es mit zahlreichen anderen klingonischen Worten auch schon getan hat:

bach	–	to shoot	–	schießen
bach	–	shot	–	Schuss
bel	–	to be pleased	–	vergnügt sein
bel	–	pleasure	–	Vergnügen
buv	–	to classify	–	klassifizieren
buv	–	classification	–	Klassifizierung

Klassisches Beispiel für diese Art der Mehrfachbedeutung ist das Wort {jIH}, für das – derzeit – drei, nein vier alternative Übersetzungsmöglichkeiten angegeben sind:

jIH	–	I, me	–	ich, mich, mir
jIH	–	I am	–	ich bin
jIH	–	to monitor	–	überwachen, kontrollieren
jIH	–	viewing screen, monitor	–	Bildschirm, Monitor

Allerdings sind Verb und Substantiv (im englischen beides als „monitor" identisch angegeben) nicht immer so bedeutungsähnlich. {yem} könnte auch etwas ganz anderes bedeuten als „Sünde", so wie beispielsweise bei der Fahnenflucht, einer Desertation oder Desertion:

choS	–	to desert	–	desertieren
choS	–	twilight	–	Zwielicht, Dämmerung

Das ist ein wichtiges Wort für den Alltagsgebrauch, denn {maj choS} bedeutet „Gute Dämmerung!", also bei uns: „Guten Abend!" Das hat mit einer Fahnenflucht wahrlich nichts zu tun. Aber es fällt auf, dass diese klingonischen Zwiespältigkeiten in der Übersetzung meist bei den Wörtern auftreten, bei denen es auch im Englischen mit der Bedeutungsgleichheit nicht besonders gut klappt. Das englische Wort „desert" bedeutet auf deutsch ja „Wüste" und ebenfalls nicht „Fahnenflucht".

Klingonisch ist hier eine durch und durch englisch geprägte Sprache. Warten wir also ab, wie Marc Okrand die klingonische Fassung des englischen Substantivs „sin" für „Sünde" also irgendwann einaml ausformulieren wird.

Damit haben wir alle Substantive mehr oder weniger akkurat übersetzt. Hier noch einmal eine Zusammenfassung dieser Bemühungen:

Wiesel	– weasel	–	baDjer Hajvav
Kiesel	– pebble, small stone	–	naghHom
Tier	– animal	–	Ha'DIbaH
Bach	– small stream, brook		
	– minor river	–	bIQtIqHom
	– small minor river	–	bIQtIqHom mach
	– very small minor river	–	bIQtIqHom machqu'
Geriesel	– trickling		
Die Flüssigkeit plätschert.			
	– The liquid gurgles.	–	bor betgham, (Slang)
		–	loQ tuD betgham.
	– It produces the sound of splashes.		
		–	bobDarmey tlhen.
Mondkalb	– calf of the moon	–	maS tangqa'Hom
Reim	– rhyme	–	pa'jaH

Beschäftigen wir uns im Folgenden also intensiver mit Verben. Der erste Teil des Gedichts lautet: „Ein Wiesel saß auf einem Kiesel inmitten Bachgeriesel." Wir benötigen also das klingonisch Wort für „sitzen":

sitzen	– to sit	– ba'

34

Das ist eine gute Gelegenheit, einmal die klingonischen Standard-Konjugationen durchzugehen:

Ich sitze.	–	I sit.	–	jIba'.
Du sitzt.	–	You sit.	–	bIba'.
Er/Sie/Es sitzt.	–	He/She/It sits.	–	ba'.
Wir sitzen.	–	We sit.	–	maba'.
Ihr sitzt.	–	You sit.	–	Suba'.
Sie sitzen.	–	They sit.	–	ba'.

Mit Hilfe der Lokalisierungsnachsilbe {-Daq} für „im, auf, am" lautet der Satz „Ein Wiesel sitzt auf einem Kiesel." klingonisch somit:

naghHomDaq ba' baDjer Hajvav.

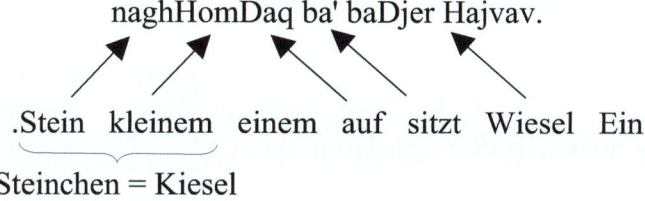

.Stein kleinem einem auf sitzt Wiesel Ein

Steinchen = Kiesel

Klingonisch ist in der Tat grammatikalisch im Wesentlichen rück-wärts gesprochenes Deutsch – zumindest in vielen Fällen.

„Inmitten des Bachgeriesels" kann danach durch einen erklärenden Teilsatz angefügt werden, da ein einfaches klingonisches Wort für „Bachgeriesel" nicht zu finden war.

… während der Bach das Geräusch von Spritzern macht.

bobDarmey tlhen bIQtIqHom machqu'.

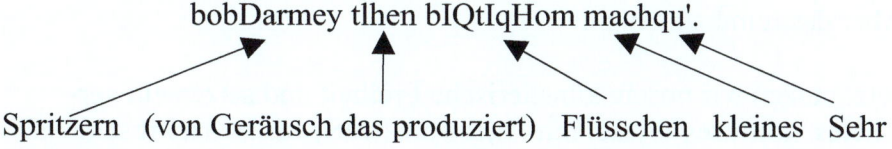

Spritzern (von Geräusch das produziert) Flüsschen kleines Sehr

Auch hier wird die im Deutschen gebräuchliche Struktur einfach um-gedreht und in rückwärts gelesener Form implementiert.

Diese beiden Teilsätze werden jetzt mit Hilfe des syntaktischen Markers für „während", der Nachsilbe {-vIS}, verknüpft. Da das Plätschern ein langanhaltender, andauernder Prozess ist, macht darüber hinaus ein Einfügen der Verb-Nachsilbe {-taH} für kontinuierliche Vorgänge Sinn:

> bobDarmey tlhentaHvIS bIQtIqHom machqu'.

Zusammen ergibt das den klingonischen Satz:

naghHomDaq ba' baDjer Hajvav bobDarmey tlhentaHvIS bIQtIqHom machqu'.

Natürlich schreiben wir dies in Versform:

naghHomDaq ba'	sitzt auf einem Kiesel
baDjer Hajvav	ein Wiesel
bobDarmey tlhentaHvIS bIQtIqHom machqu'.	während Bachgeriesel

Jetzt fehlt nur noch die Vergangenheit. Dafür gibt es im Klingonischen keine eigene Konjugation, sondern nur die durch die Nachsilbe {-pu'} oder {-ta'} ausgedrückte Abgeschlossenheit. Da das Wiesel offenkundig absichtlich im Bachgeriesel sitzt, ist die Nachsilbe {-ta'} angemessen:

naghHomDaq ba'ta'	saß auf einem Kiesel
baDjer Hajvav	ein Wiesel
bobDarmey tlhentaHvIS bIQtIqHom machqu'.	während Bachgeriesel

Aber das reimt sich nicht!

Jetzt nutzen wir unsere künstlerische Freiheit und setzen ein verwirrtes, konfuses Wiesel mit Hilfe von {mIS} für „verwirrt sein" ins Wasser. Dann wird das Ganze auch unabsichtlich und es kann die sich auf {-qu'} reimende Nachsilbe {-pu'} verwendet werden:

naghHomDaq ba'pu'	saß auf einem Kiesel
baDjer Hajvav mIS	verwirrtes Wiesel
bobDarmey tlhentaHvIS	während Geriesel
bIQtIqHom machqu'.	von kleinerem Bach

Nun geht es weiter mit einer Frage: „Wisst ihr, weshalb?" Diese Frage ist offensichtlich eine Kurzversion von: „Wisst ihr, weshalb es dort sitzt?" Solche Satzverknüpfungen sind grammatikalisch nicht ganz einfach aufzulösen, denn die beiden Satzteile müssten klingonisch korrekt verbunden werden.

Für Anfängerinnen und Anfänger – also für uns alle – gibt es jedoch einen klingonischen Trick, wie mit solchen Satzverknüpfungen umgegangen werden kann. Dieser Trick wird im Dialog von Uhura mit einem Klingonen im Film „Star Trek into Darkness" als Satz Nr. 5 (siehe: http://klingon.wiki/En/ST12) genutzt.

Die auf englisch verfassten Untertitel dieses Satzes lauten: „Why should I care about a human killing humans?" Die klingonische Version, die im Film von den Schauspielern gesprochen wird, lautet hingegen: „toH, Hey Humanpu'. qatlh DISaH?" Aus einem englischen Satz werden also zwei klingonische!

Auf deutsch entspricht dies der folgenden Gleichsetzung:

Englische Untertitel: „Warum sollte es mich kümmern, wenn sich Menschen gegenseitig umbringen?"

Klingonische Satzsplittung: „Na gut, Menschen bringen sich gegenseitig um. Warum kümmert mich das?"

Und diese Satzsplittung führen wir nun auch bei unserer Wiesel-Frage durch. Der ungesplittete, zusammengesetzte Originalsatz lautet wie oben angegeben: „Wisst ihr, weshalb es dort sitzt?"

Die im klingonischen erlaubte Satzsplittung wäre dann: „Weshalb sitzt es dort? Wisst ihr es?" Dieser Splittungstrick vereinfacht die grammatikalische Situation deutlich.

Übrigens hatte es Marc Okrand als Linguist am Filmset von „Star Trek into Darkness" in der Tat nicht leicht. Einige Schauspieler sprachen die vorgegebenen Sätze falsch aus. So entstehen dann neue klingonische Worte.

Und ganz lustig an Satz 5 ist, dass er in der finalen Filmversion offenkundig rückwärts abgespielt wird, also überhaupt nicht dem entspricht, was die Schauspieler vielleicht ursprünglich hätten sagen sollen, dann aber teilweise falsch aussprachen. So entsteht dann eine neue klingonische Grammatik.

Fangen wir mit der Übersetzung des ersten Satzes an: „Weshalb sitzt es dort?"

„Weshalb" oder „warum" wird im Klingonischen durch das Wort {qatlh} ausgedrückt. Wir erhalten also:

Weshalb sitzt es?   —   Why does it sit?   —   qatlh ba' ?

Jetzt fehlt nur noch das Wort „dort". Dieses Wort lautet klingonisch genauso wie das Wort für „Raum". Trotzdem sind es zwei verschiedene Worte, die nichtsdestotrotz im Klingonischen grammatikalisch beide als Substantive aufgefasst werden:

dort, dort drüben   —   there, over there   —   pa'
Raum, Zimmer   —   room   —   pa'

An dieser Stelle wird es Zeit, mich bei den Machern des Vialingo-Klingonisch-Kurses

www.youtube.com/@vialingo

zu bedanken. Dieser Kurs kann über Youtube kostenlos durchgearbeitet werden. Unter anderem mit Hilfe dieses Kurses habe ich Klingonisch gelernt, Vielen Dank, many, many thanks indeed!! Der Kurs ist sehr gut gemacht und bietet einen exzellenten Einstieg in die klingonische Sprache.

Und er behandelt ausführlich den korrekten Gebrauch des klingonischen Doppel- und Dreifach-Bedeutungswortes {pa'}, das zu allem Überfluss als Verb-Nachsilbe auch noch „bevor" bedeutet.

Zwei Beispielsätze des Vialingo-Kurses machen die beiden substantivistischen Bedeutungen anhand des Verbs „warten", {loS} deutlich:

pa'Daq jIloS. – I wait in the room. – Ich warte im Raum.
pa' jIloS. – I wait there. – Ich warte dort.

(Verwirrende Nebenbemerkung – Es gibt noch eine weitere Version:

pa' vIloS. – I wait for the room. – Ich warte auf den Raum.

Was genau passiert, wenn die Konjugationsvorsilbe {jI-} in {vI-} abgeändert wird, werden wir in Kürze besprechen. Dann nämlich hätte der Raum Beine und würde irgendwann anspaziert kommen, wenn wir nur lange genug warten würden. Wir warten ja dann **auf** ihn.)

Wir haben somit die folgende Satzstruktur:

Es sitzt. – It sits. – ba'.
Es sitzt dort. – It sits there. – pa' ba'.
Weshalb sitzt es dort? – Why does it sit there? – qatlh pa' ba' ?

Nun zum zweiten Teil der Satzsplittung. Dies wäre dann die Frage: „Wisst ihr es?" Wir machen es ja genau so wie im Film „Star Trek into Darkness"! Dort findet sich im zweiten Teilsatz das Verb {SaH}, englisch: „to care about" bzw. deutsch: „sich kümmern um".

Auch dieses Verb konjugieren wir in der Standard-Konjugation:

Ich kümmere mich.	–	I care.	– jISaH.
Du kümmerst dich.	–	You care.	– bISaH.
Er/Sie/Es kümmert sich.	–	He/She/It cares.	– SaH.
Wir kümmern uns.	–	We care.	– maSaH.
Ihr kümmert euch.	–	You care.	– SuSaH.
Sie kümmern sich.	–	They care.	– SaH.

Die Standard-Konjugation ist die Konjugationsform der Verbs, wenn im Satz kein Objekt vorhanden ist.

Offenkundig handelt es sich beim klingonischen Satzgefüge von „toH, Hey Humanpu'. qatlh DISaH?" von „Star Trek into Darkness" aber um einen Satz mit Objekt. Denn dort findet sich die Form {DISaH} mit der Vorsilbe {DI-}, die in der Standard-Konjugation nicht auftaucht.

In Abschnitt 4.1.1. des Klingonischen Wörterbuchs von Marc Okrand finden wir diese Vorsilbe {DI-} im Feld für <we> - - <them>, bzw. auf deutsch <wir> - - <sie (Plural)>. Also haben wir ein Objekt in der 3. Person Plural und unsere vollständige Konjugationsübersicht lautet:

Ich kümmere mich um sie.
       – I care about them.   – vISaH.
Du kümmerst dich um sie.
       – You care about them.   – DaSaH.
Er/Sie/Es kümmert sich um sie.
       – He/She/It cares about them. – SaH.
Wir kümmern uns um sie.
       – We care about them.   – DISaH.
Ihr kümmert euch um sie.
       – You care about them.   – boSaH.
Sie kümmern sich um sie.
       – They care about them.   – SaH.

Wie gesagt, Marc Okrand hatte es am Filmset von Star Trek nicht leicht, denn die korrekte Untertitelung müsste eigentlich lauten: „Na gut, Menschen bringen sich gegenseitig um. Warum kümmert uns das?"

Oder dann auf englisch: „Why should we care about a human killing humans?"

Nun zur Frage, ob wir es wissen. Die Standard-Konjugationen von {Sov}, „wissen", lauten:

Ich weiß.	–	I know.	–	jISov.
Du weißt.	–	You know.	–	bISov.
Er/Sie/Es weiß.	–	He/She/It knows.	–	Sov.
Wir wissen.	–	We know.	–	maSov.
Ihr wisst.	–	You know.	–	SuSov.
Sie wissen.	–	They know.	–	Sov.

Für die Frage „Wisst ihr es?" müssen wir in Abschnitt 4.1.1. des Klingonischen Wörterbuchs also im Feld für <you (Plural)> - - <him/her/it>, bzw. auf deutsch <ihr> - - <ihn/sie/es> nachschauen. Hier haben wir somit ein Objekt in der 3. Person Singular.

Die vollständige Konjugationsübersicht für Objekte in der 3. Person Singular lautet für das Verb {Sov} dann:

Ich weiß es	–	I know it.	–	vISov.
Du weißt es.	–	You know it.	–	DaSov.
Er/Sie/Es weiß es.	–	He/She/It knows it.	–	Sov.
Wir wissen es.	–	We know it.	–	wISov.
Ihr wisst es.	–	You know it.	–	boSov.
Sie wissen es.	–	They know it.	–	luSov.

„Wisst ihr?" bzw. „Wisst ihr es?" sind dann Entscheidungsfragen, die mit ja oder nein beantwortet werden können. Solche Entscheidungsfragen werden im Klingonischen durch Anfügen der Nachsilbe {-'a'} gebildet:

Ihr wisst.	–	You know.	–	SuSov.
Wisst ihr?	–	Do you know?	–	SuSov'a' ?
Ihr wisst es.	–	You know it.	–	boSov.
Wisst ihr es?	–	Do you know it?	–	boSov'a' ?

Jetzt reimen wir uns den mittleren Teil des Gedichts zusammen:

| qatlh pa' ba' ? | Weshalb sitzt es dort? |
| BoSov'a' ? | Wisst ihr es? |

Klingonisch reimt sich alles auf {-a'}. Aber Herrjemineeeehhh, die deutsche Übersetzung ist ohne Reim. Den tricksen wir jetzt noch rein:

naghHomDaq ba'pu'	saß auf einem Kiesel
baDjer Hajvav mIS	verwirrtes Wiesel
bobDarmey tlhentaHvIS	während Geriesel
bIQtIqHom machqu'.	von kleinerem Bach.
qatlh pa' ba' ?	Weshalb sitzt es dort?
boSov qar'a' ?	Wisst ihr es, ach?

Wie bereits erwähnt: das Klingonische ist eine an das Englische angelehnte Sprache. Und echte Briten sowie waschechte Texaner können ohne ihr „isn't it?" nicht leben. Also musste Marc Okrand auch eine klingonische Fassung dieses Isntits erfinden.

Genau dies leistet der klingonische Anhang {qar'a'}. Er bedeutet soviel wie „richtig?", „korrekt?" oder „nicht wahr?", was wir hier etwas salopp mit „ach?" übersetzt haben, damit der obenstehende kleinere Bach sich doch noch reimt.

Und das „dort" sich dann hoffentlich auch noch reimt mit irgendeinem Wort, was noch kommen wird. Machen wir also weiter.

ie nächsten drei Zeilen des Gedichts lauten:

Das Mondkalb
verriet es mir
im Stillen:

Für „verraten" oder „enthüllen" (englisch: „to reveal", „to disclose")
gibt es nun mehrere verschiedene Übersetzungsmöglichkeiten:

'ang	–	to reveal, to show	–	enthüllen, zeigen
'otHa'	–	to disclose, to divulge	–	enthüllen, preisgeben

Die zweite Alternative {'otHa'} ist eine typisch klingonische Kon-
struktion. Dieses Wort setzt sich aus den beiden Teilen

'ot	–	to withhold (information)	–	(Informtionen) zurückhalten
Ha'	–	to undo (verb suffix)	–	das Gegenteil machen (Verb-Nachsilbe)

zusammen. Und es gibt unzählige Beispiele für die Wirkungsweise
der Gegenteils-Nachsilbe {-Ha'}, beispielsweise:

ghom	–	versammeln, sich treffen
ghomHa'	–	verstreuen, auseinander gehen
lob	–	befolgen, gehorchen
lobHa'	–	sich widersetzen, missachten, nicht gehorchen
par	–	mögen, gern haben
parHa'	–	nicht mögen, ablehnen, nicht leiden können
Qey	–	fest sein
QeyHa'	–	locker sein
boq	–	addieren, sich zusammenfinden
boqHa'	–	subtrahieren

Unzählige weitere Beispiele finden sich im Klingonen-Wiki unter

http://klingon.wiki/Word/Ha-

Und Marc Okrand hat es wirklich nicht leicht, hier den Überblick zu behalten, denn auf dieser Seite wird auch angedeutet, dass manche Adverbien ebenfalls durch die Verb-Nachsilbe {-Ha'} in ihr Gegenteil umgekehrt werden können.

Leicht kryptisch wird dieser grammatikalische Bruch auf der eben erwähnten Internetseite [Stand: 11. Juli 2023] angedeutet mit den seltsamen Worten: „Marc Okrand … looked confused at some" als ihn jemand nach diesen Adverbs-Negierungen fragte. Spracherfinderinnen und Spracherfinder haben es tatsächlich überhaupt nicht leicht.

Aber zurück zu den beiden Verb-Vorschlägen. Die Standard-Konjugationen lauten dann:

Ich verrate/enthülle.	–	jI'ang	–	jI'otHa'
Du verrätst/enthüllst.	–	bI'ang	–	bI'otHa'
Er/Sie/Es verrät/enthüllt.	–	'ang	–	'otHa'
Wir verraten/enthüllen.	–	ma'ang	–	ma'otHa'
Ihr verratet/enthüllt.	–	Su'ang	–	Su'otHa'
Sie verraten/enthüllen.	–	'ang	–	'otHa'

Aber es wird ja etwas verraten. Somit muss die Konjugation wieder mit einem Objekt, einem „es" in der 3. Person Singular, ausformuliert werden:

Ich verrate/enthülle es.	–	vI'ang	–	vI'otHa'
Du verrätst/enthüllst es.	–	Da'ang	–	Da'otHa'
Er/Sie/Es verrät/enthüllt es.	–	'ang	–	'otHa'
Wir verraten/enthüllen es.	–	wI'ang	–	wI'otHa'
Ihr verratet/enthüllt es.	–	bo'ang	–	bo'otHa'
Sie verraten/enthüllen es.	–	lu'ang	–	lu'otHa'

Dies ist dieses Mal aber kein Problem, denn beim Mondkalb in der dritten Person Singular sind beide Fassungen identisch. So haben wir insgesamt zwei Möglichkeiten:

Das Mondkalb verrät. = Das Mondkalb verrät es.
– 'ang maS tangqa'Hom.
– 'otHa' maS tangqa'Hom.

Aber wollen wir hier tatsächlich eine Zweideutigkeit? Nein, wir wollen Klarheit! Diese erhalten wir, indem wir das Objekt in Form eines Pronomens für „es", englisch „it", {'oH} voranstellen:

Das Mondkalb verrät es.
– 'oH 'ang maS tangqa'Hom.
– 'oH 'otHa' maS tangqa'Hom.

Diese Pronomialergänzung bedeutet jedoch gleichzeitig, dass wir das {'oH} betonen: „Das Mondkalb verrät **ES**."

Das „**ES**" sollte zur Betonung im Deutschen laut gesprochen werden. Klingonen sind da in der Lautstärke zurückhaltender. Sie betonen durch Pronomialanfügungen und nicht wie wir Deutschen durch Brüllerei.

Aber eigentlich wollen wir ja nichts betonen. Das Mondkalb verrät es halt, ganz einfach und unbetont. Und vor allem ganz still. Diese Nicht-Betonung können wir erreichen, indem wir anstelle des Pronomens {'oH} explizit das aufführen, was verraten wird, nämlich ein Geheimnis:

pegh – secret – Geheimnis
pegh – to be secret – geheim sein
pegh – keep something secret – etwas geheim halten

Der Satz lautet dann:

pegh 'ang maS tangqa'Hom.
pegh 'otHa' maS tangqa'Hom.

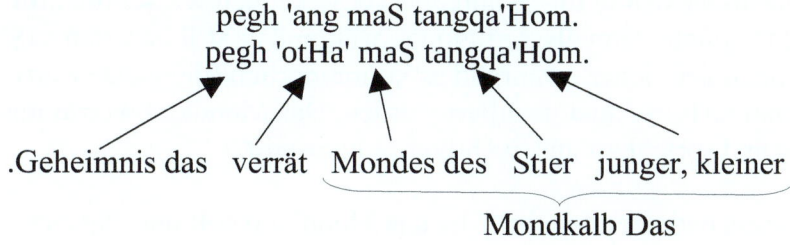

.Geheimnis das   verrät   Mondes des   Stier   junger, kleiner

Mondkalb Das

45

„Das Mondkalb verrät das Geheimnis." ist also wieder ein typisch deutscher Satz, der im Klingonischen einfach von vorne nach hinten gedacht werden muss. Klingonisch ist also nicht nur sehr englisch, sondern auch sehr, sehr deutsch, das einfach umgedreht wird. Da ist nun wirklich nichts Außerirdisches dabei.

Wir könnten auf deutsch sogar den umgekehrten Satz sprechen, mit dem Objekt zu Satzbeginn und dem Subjekt am Ende, und wir verstehen den Sinn immer noch perfekt: „Das Geheimnis verrät das Mondkalb!"

Das ganze Getue um die S – V – O-Satzstellungen im Gegensatz zu den ach so außerirdischen O – V – S-Satzstellungen, das kann nur englische Muttersprachlerinnen und Muttersprachler beeindrucken, die die Verben (V) nicht konjugieren und deshalb an feste Objekt- (O) bzw. Subjekt-Positionen (S) gefesselt sind.

„Das Kind sieht den Elefanten." für {'e'levan legh puq.} ist genauso legitimes Deutsch wie „Den Elefanten sieht das Kind."

Fehlt nur noch, dass das Mondkalb das Geheimnis im Stillen verrät. Das ist wieder etwas komplizierter, denn das entsprechende klingonische Wort besitzt drei Bedeutungsvariationen:

tam	–	to be quiet	–	ruhig sein
tammoH	–	to silence	–	beruhigen, beschwichtigen
tam	–	exchange, substitute	–	austauschen, ersetzen

Die Verb-Nachsilbe für „während" {vIS} kennen wir schon. „Im Stillen" könnte dann als Anfügung „während es still ist" {tamvIS} oder noch deutlicher „während es kontinuierlich (die ganze Zeit) still ist" {tamtaHvIS} ausformuliert werden. Das Mondkalb verrät uns etwas und spricht zu uns, während es ganz still.

Doch was bedeutet das „es"? Ist das Mondkalb still und flüstert nur?

Das wäre dann recht profan so etwas wie: {tlhupviS} für „während es flüstert". Aber profan soll unser Morgensterngedicht nicht werden. Bleiben wir also bei {tam}, „still sein".

Oder aber bedeutet das „es" die Umgebung? Es ist dann also in der Umgebung still. Egal, wir wollen lernen, wie die klingonische Sprache funktioniert. Und deshalb schauen wir mehrere alternative Fassungen an, die wir vergleichen. Unser Ziel ist dabei, herauszufinden, wie wir verschiedene Verb-Nachsilben gleichzeitig anfügen können.

Die korrekt Reihenfolge der Verbsuffixe richtet sich nach der Typ-Nummer dieser Nachsilben. Just for fun wählen wir noch eine dritte Nachsilbe, um das Problem zu konkretisieren: {-chu'} ist eine qualifizierende Nachsilbe vom Typ 6. Sie gibt an (englisch: clearly, perfectly), ob etwas vollkommen klar und perfekt ist. Anstelle von lediglich „still" ist es dann „ganz still".

Die nächste Nachsilbe, {-taH}, ist eine aspektbeschreibende Nachsilbe vom Typ 7. Sie gibt an, ob etwas kontinuierlich vor sich geht. Bezogen auf unsere Stille wäre es dann „die ganze Zeit, kontinuierlich still". Die Stille geht dann immer weiter.

Und {-viS}, „während" ist ein syntaktischer Marker vom Typ 9.

{-chu'} muss also vor {-taH} stehen, das wiederum vor {-vIS} zu positionieren ist, da $6 < 7 < 9$ die Reihenfolge festlegt.

… während es die ganze Zeit (kontinuierlich) ganz still ist …

lautet dann auf Klingonisch:

– … tamchu'taHvIS …

Nebenbemerkung: {tam} ist hier ein Wort, das mehrere Bedeutungen hat (siehe: http://klingon.wiki/De/Homonym), ein sogenanntes „Homonym". Unter anderem bedeutet {tam} auch: austauschen, ersetzen. Der Kontext ist aber klar und eindeutig: Es wird hier nichts ausgetauscht oder ersetzt.

Der Halbsatz „während es die ganze Zeitl ganz still ist" kann vor oder nach einem Hauptsatz positioniert werden kann. Das macht diese Zusammenstellung interessant.

Übungshalber führen wir diese Satzkomposition hier auch rückwärts aus:

tamchu'taHvIS pegh 'ang maS tangqa'Hom.
tamchu'taHvIS pegh 'otHa' maS tangqa'Hom.

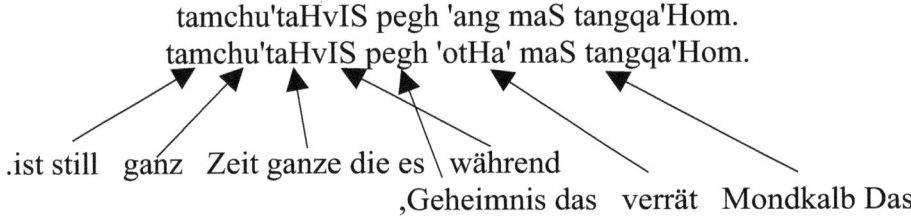

.ist still   ganz   Zeit ganze die es \ während

,Geheimnis das   verrät   Mondkalb Das

So richtig glücklich können wir mit dieser Übersetzung nicht sein, denn das Objekt {pegh}, „Geheimnis" des Hauptsatzes könnte bei dieser Satzstellung das neue Subjekt das Nebensatzes sein. Dies klingt komisch: „Das Mondkalb verrät das Geheimnis während es (das Geheimnis) die ganze Zeit ganz still ist."

Also positionieren wir den Nebensatz vor den Hauptsatz, denn {tam} für „still sein", „leise sein" ist ein intransitives Eigenschaftsverb, das von Natur aus kein Objekt haben kann.

pegh 'ang maS tangqa'Hom tamchu'taHvIS.
pegh 'otHa' maS tangqa'Hom tamchu'taHvIS.

Während es die ganz Zeit (kontinuierlich) ganz still ist,
verrät das Mondkalb das Geheimnis.

Aber nein, das Mondkalb verrät es nicht im Präsens. Es verriet es irgendwann früher in der Vergangenheit. Da es im Klingonischen keine eigenständig konjugierten Zeitformen gibt, müssen wir das Verb wieder als eine abgeschlossene Aktion charakterisieren.

Und weil es ein absichtliches Verraten gewesen sein dürfte, wird wieder die Nachsilbe {-pu'} angefügt:

pegh 'angpu' maS tangqa'Hom tamchu'taHvIS.
pegh 'otHa'pu' maS tangqa'Hom tamchu'taHvIS.

Während es die ganz Zeit (kontinuierlich) ganz still gewesen ist, verriet das Mondkalb das Geheimnis.

Schauen wir mal, wie dies im Zusammenspiel mit den vorderen Zeilen klingt (obwohl wir mit dem Übersetzung noch nicht ganz fertig sind):

naghHomDaq ba'pu'	saß auf einem Kiesel
baDjer Hajvav mIS	verwirrtes Wiesel
bobDarmey tlhentaHvIS	während Geriesel
bIQtIqHom machqu'.	von kleinerem Bach.
qatlh pa' ba' ?	Weshalb sitzt es dort?
boSov qar'a' ?	Wisst ihr es, ach?
pegh 'angpu' ('otHa'pu')	Das Geheimnis hat verraten
maS tangqa'Hom	das Mondkalb
tamchu'taHvIS.	während es die ganze Zeit ganz still gewesen ist.

Im Originaltext taucht mit „Das Mondkalb verriet es mir im Stillen:" am Ende dieser Zeilen ein Doppelpunkt auf, der auf die dann folgenden Erläuterung hinweist.

Diesen Hinweis können wir in der klingonischen Fassung generieren, indem wir hier schon {peghvam}, „dieses Geheimnis", schreiben:

peghvam 'angpu' ('otHa'pu')   Dieses Geheimnis hat verraten
maS tangqa'HoM   das Mondkalb
tamchu'taHvIS: während es die ganze Zeit ganz still gewesen ist.

Bevor wir uns um weitere Reimglättungen bemühen sollten wir die inhaltliche Aussage noch spezifizieren. Ausdrücklich wird im Originaltext gesagt, dass das Mondkalb es mir (und niemanden sonst) verraten hat. Wie also übersetzen wir dieses „mir"?

Früher, in der Entstehungsphase des Klingonischen, hätte man „mir" ganz einfach durch die Kombination „für mich", {jIHvaD} ausgedrückt:

jIHvaD peghvam 'angpu' ('otHa'pu')Dieses Geheimnis hat mir verraten
maS tangqa'HoM   das Mondkalb
tamchu'taHvIS.   während es die ganze Zeit ganz still gewesen ist.

Das ist eine legitime Übersetzung. Aber Marc Okrand fand dies wohl etwas zu langweilig. Also erfand er 1997 eine grammatikalische Ergänzung des Klingonischen, deren Entstehungsgeschichte und linguistischer Hintergrund hier erläutert wird:

http://klingon.wiki/De/PrefixTrick

Dieser Präfix-Trick ist auch wieder absolut nicht außerirdisch, sondern sehr, sehr deutsch (oder sehr sehr mittelamerikanisch, so die Legende).

Wie im Deutschen auch unterscheiden einige mittelamerikanische Sprachen, dass es mehrere verschiedene Objekte geben kann:

https://de.wikipedia.org/wiki/Objekt_(Grammatik)

Zum einen gibt es im Deutschen das Akkusativobjekt, das auch als direktes Objekt bezeichnet wird. Es kann bestimmt werden, indem wir die Fragewörter „wen oder was?" verwenden.

Zum Beispiel:	Er gibt dir ein Heft.
Frage:	Wen gibt er dir? (sinnlos)
	Was gibt er dir?
Antwort:	Ein Heft gibt er dir.
Schlussfolgerung:	„Ein Heft" ist hier das direkte Objekt im Akkusativ.

Und dann gibt es im Deutschen das Dativobjekt, das als indirektes Objekt bezeichnet wird. Es kann bestimmt werden, indem wir das Fragewort „wem?" verwenden.

Fortsetzung des Beispiels:	Er gibt dir ein Heft.
Frage:	Wem gibt er ein Heft?
Antwort:	Dir gibt er ein Heft.
Schlussfolgerung:	„Dir" ist hier das indirekte Objekt im Dativ.

Ursprünglich war Klingonisch als Sprache konzipiert, die im Prinzip nur ein direktes Objekt kennt. Aber dann kam 1997 …

Dazu konjugieren wir das klingonische Verb {nob} für „geben", zuerst in der Standard-Konjugation:

Ich gebe.	–	I give.	–	jInob.
Du gibst.	–	You give.	–	bInob.
Er/Sie/Es gibt.	–	He/She/It gives.	–	nob.
Wir geben.	–	We give.	–	manob.
Ihr gebt.	–	You give.	–	Sunob.
Sie geben.	–	They give.	–	nob.

Zweite grammatikalische Situation: So, jetzt stellt sich bitte jeder einmal vor, er sei ein Hund, der ins Tierheim gegeben wird. Jemand gibt mich also irgendwohin …

Somit haben wir ein direktes Objekt in der 1. Person Singular. Gemäß Abschnitt 4.1.1. des Klingonischen Wörterbuchs von Marc Okrand lautet dann unsere vollständige Konjugationsübersicht:

Ich gebe mich.	–	I give me.	–	*existiert nicht*
Du gibst mich.	–	You give me.	–	chonob.
Er/Sie/Es gibt mich.	–	He/She/It gives me.	–	munob.
Wir geben mich.	–	We give me.	–	*existiert nicht*
Ihr gebt mich.	–	You give me.	–	tunob.
Sie geben mich.	–	They give me.	–	munob.

Dritte grammatikalische Situation: Hunde mögen Knochen {HomDu'}. Nebenbei: Knochen sind Körperteile und deshalb lautet ihr Plural nicht, nie und niemals {Hommey}. Aber der Hauptgesichtspunkt ist: Wir stellen uns vor, jemand gibt einen einzigen Knochen {Hom}. Stellen wir also wieder die entsprechende Konjugationstabelle für ein Objekt in der 3. Person Singular auf:

Ich gebe einen Knochen.	–	I give a bone.
	–	vInob Hom.
Du gibst einen Knochen.	–	You give a bone.
	–	Danob Hom.
Er/Sie/Es gibt einen Knochen.	–	He/She/It gives a bone.
	–	nob Hom.
Wir geben einen Knochen.	–	We give a bone.
	–	wInob Hom.
Ihr gebt einen Knochen.	–	You give a bone.
	–	bonob Hom.
Sie geben einen Knochen.	–	They give a bone.
	–	lunob Hom.

Und jetzt kommen wir zur vierten grammatikalischen Situation, die die Regeln der in Abschnitt 4.1.1. des Klingonischen Wörterbuchs festgelegten Grundlagen radikal zur Seite schiebt. Es ist ein kleiner klingonisch-linguistischer Epochenbruch, der sich da 1997 abspielte, denn nun werden die dritte und vierte gerade beschriebenen grammatikalischen Situationen in völlig illegitimer Art und Weise kombiniert.

Und dies führt auf eine dramatische Bedeutungsänderung und eine dramatische Objektänderung: Aus dem direkten Objekt von Situation zwei (also aus „mich") wird ein indirektes Objekt (also nun „mir").

Vierte grammatikalische Situation mit indirektem Objekt, über das sich jeder als Hund jetzt freut. (Schließlich gibt man uns jetzt nicht **einem** Knochen, sondern man gibt uns **einen** Knochen.)

Ich gebe mir einen Knochen.	–	I give me a bone.
	–	*existiert nicht*
Du gibst mir einen Knochen.	–	You give me a bone.
	–	chonob Hom.
Er/Sie/Es gibt mir einen Knochen.	–	He/She/It gives me a bone.
	–	munob Hom.
Wir geben mir einen Knochen.	–	We give me a bone.
	–	*existiert nicht.*
Ihr gebt mir einen Knochen.	–	You give me a bone.
	–	tunob Hom.
Sie geben mir einen Knochen.	–	They give me a bone.
	–	munob Hom.

Bevor es weiter geht, noch eine weitere Nebenbemerkung, denn wir wollen klingonisch ja möglichst vollständig lernen: Die erste Variante <I> - - <me>, bzw. auf deutsch <ich> - - <mir> gibt es in alternativer Form doch, und zwar mit Hilfe der Verb-Nachsilbe {'egh} für „sich selbst" als:

Ich gebe mir selbst einen Knochen.	–	I give me a bone myself.
	–	jInob'egh Hom.

Darauf hat das Mondkalb nur gewartet! Mit Hilfe des eben erläuterten indirekten Objekts (Präfix-Trick) klingonisiert sich der Morgenstern nun zu:

peghvam mu'angpu' (mu'otHa'pu') Dieses Geheimnis hat mir verraten
maS tangqa'Hom   das Mondkalb
tamchu'taHvIS: während es die ganze Zeit ganz still gewesen ist.

Rhythmus {jaghIv} und Reim {pa'jaH} wurschteln wir uns später
zurecht. Zuvor übersetzen wir erst mal den letzten Teil:

Das raffinier-
te Tier
tats um des Reimes willen.

Dazu verwenden wir die Substantiv-Nachsilbe, die gelegentlich auch
als Nomensuffix bezeichnet wird: {-vaD}. Diese Nachsilbe bedeutet:
„für" oder „zum Nutzen von".

pa'jaH	–	rhyme –	Reim
pa'jaHvaD	–	for the rhyme	= intended for the rhyme
			= for the sake of the rhyme
	–	für den Reim	= zum Nutzen des Reimes
			= um des Reimes willen

„raffiniert", englisch „subtle", „clever" oder „wily" können wir mit
{val}, „to be clever" übersetzen, da der Autor trotz intensiver Suche
bis jetzt kein kanonisches klingonischen Pendant zu „to be subtle"
finden konnte.

Ha'DIbaH	–	animal	–	Tier
Ha'DIbaHvam	–	this animal	–	dieses Tier
val Ha'DIbaHvam.	–	This animal is clever.		
	–	Dieses Tier ist raffiniert.		
Ha'DIbaHvam val	–	This clever animal		
	–	dieses raffinierte Tier		

Hallo, Marc Okrand will uns nur verwirren! Es gibt ein weiteres
klingonisches Wort, das mit Hilfe von {val}, „clever sein" gebildet
wird: {valtIn}. Es bedeutet: Proton.

Bei den Klingonen setzt sich das Proton {valtIn} also aus den Eigenschaftsverben {val}, „clever sein" und {tIn}, „groß sein" zusammen. Ein Proton ist somit etwas, das clever oder raffiniert und groß ist. Oder es ist das große Raffinierte, das große Intelligente. Und das, obwohl wir Terraner uns das Proton immer nur als etwas ganz, ganz kleines vorstellen. Aber auch das Kleinste kann größte Raffinesse besitzen …

Fehlt noch ein allerletztes Wort: tats = tat es   –   did it

Ein zu „tun", „machen" zumindest annäherungsweise äquivalentes Wort ist „durchführen": Wenn wir etwas tun oder machen, führen wir dies durch. Also schauen wir uns wieder die Konjugationstabellen an, Übung macht den Meister, zuerst die Standardkonjugation:

Ich führe durch.	–	I carry out.	–	jItur.
Du führst durch.	–	You carry out.	–	bItur.
Er/Sie/Es führt durch.	–	He/She/It carrys out.	–	tur.
Wir führen durch.	–	We carry out.	–	matur.
Ihr führt durch.	–	You carry out.	–	Sutur.
Sie führen durch.	–	They carry out.	–	tur.

Und jetzt die Konjugation für Objekte in der 3. Person Singular:

Ich führe es durch.	–	I carry it out.	–	vItur.
Du führst es durch.	–	You carry it out.	–	Datur.
Er/Sie/Es führt es durch.	–	He/She/It carries it out.	–	tur.
Wir führen es durch.	–	We carry it out.	–	wItur.
Ihr führt es durch.	–	You carry it out.	–	botur.
Sie führen es durch.	–	They carry it out.	–	lutur.

Also setzen wir zusammen:

pa'jaHvaD   für den Reim / zum Nutzen des Reimes
                                             um des Reimes willen

55

| tur | es führt es durch / es tut es |
| Ha'DIbaHvam val. | dieses raffinierte Tier. |

Jetzt noch die klingonische Vergangenheitsabgeschlossenheit:

pa'jaHvaD	für den Reim / zum Nutzen des Reimes
	um des Reimes willen
turta'	es führte es durch / es tat es
Ha'DIbaHvam val.	dieses raffinierte Tier.

Und so erhalten wir unsere erste vollständige Rohversion des Gedichts von Morgenstern, wenn wir uns für {mu'angpu'} entscheiden und das alternativ mögliche {mu'otHa'pu'}´fallen lassen:

naghHomDaq ba'pu'	saß auf einem Kiesel
baDjer Hajvav mIS	verwirrtes Wiesel
bobDarmey tlhentaHvIS	während Geriesel
bIQtIqHom machqu'.	von kleinerem Bach.

| qatlh pa' ba' ? | Weshalb sitzt es dort? |
| boSov qar'a' ? | Wisst ihr es, ach? |

peghvam mu'angpu'	Dieses Geheimnis hat mir verraten
maS tangqa'Hom	das Mondkalb
tamchu'taHvIS:	während es die ganze Zeit ganz still gewesen ist.

pa'jaHvaD	für den Reim / zum Nutzen des Reimes
	um des Reimes willen
turta'	es führte es durch / es tat es
Ha'DIbaHvam val.	dieses raffinierte Tier.

Das weicht auf den ersten Blick entscheiden vom Reimgefüge und vom Rhythmus des Morgensternschen Originals ab. Dort haben wir:

A	Ein Wiesel	A	naghHomDaq ba'pu'
A	saß auf einem Kiesel	B	baDjer Hajvav mIS
A	inmitten Bachgeriesel.	B	bobDarmey tlhentaHvIS
		A	bIQtIqHom machqu'.
B	Wisst ihr,		
C	weshalb?	C	qatlh pa' ba' ?
		C	boSov qar'a' ?
C	Das Mondkalb		
B	verriet es mir	A	peghvam mu'angpu'
D	im Stillen:	D	maS tangqa'Hom
		B	tamchu'taHvIS:
E	Das raffinier-		
E	te Tier	E	pa'jaHvaD
D	tats um des Reimes willen.	C	turta'
		F	Ha'DIbaHvam val.

Das war nicht anders zu erwarten. Schon für Marc Okrand waren Reime „verbeultes Grauen". Mehr noch, auch das Wort für Gedicht kann rückwärts gelesen werden:

ghuQ	–	poem	–	Gedicht
Qugh	–	disaster	–	Katastrophe

Gedichte und Reime, eine einzige Katastrophe! An dieser Katastrophe basteln wir nun noch ein bisschen rum.

Das sich nicht reimende Reimende E eliminieren wir, indem wir die beiden vorletzten Zeilen zusammenfassen.

E	Das raffinier-		
E	te Tier	C	pa'jaHvaD turta'
D	tats um des Reimes willen.	F	Ha'DIbaHvam val.

C reimt sich jedoch immer noch nicht auf F! Wir müssen tricksen. Wir dürfen tricksen! Wir haben die literarische Freiheit, zu tricksen.

Also tricksen wir. Und wir machen es uns einfach. Wir benötigen irgendetwas, das sich auf {turta'} reimt, irgendein abgestopptes a'. Also fügen wir ganz frech die klingonische Exklamation {majQa'} für

maj !　　 –　 Good!　　　　　　　　 –　 Gut!
majQa' !　 –　 Very good! Well done!　 –　 Sehr gut! Gut gemacht!

E　　Das raffinier-
E　　te Tier　　　　　　　　　　 C　　pa'jaHvaD turta'
D　　tats um des Reimes willen.　 C　　Ha'DIbaHvam val. majQa' !

Gefällt mir noch nicht … Ich füge noch ein

wanI'　　　　 –　　　　event, phenonenon, occurance
　　　　　　 –　　　　Ereignis, Phänomen, Geschehnis

ein, um die Satzlängen etwas anzugleichen. Aber das ist vielleicht nur eine persönliche lyrisches Unzulänglichkeit. Gedichtzeilen müssen nicht, sollten nicht immer akkurat gleich lang sein. Aber so bin ich halt:

E　　Das raffinier-
E　　te Tier　　　　　　　　　　 C　　pa'jaHvaD wanI' turta'
D　　tats um des Reimes willen.　 C　　Ha'DIbaHvam val. majQa' !

Was im deutschen Original erlaubt ist, ist uns eine klingonische Pflicht! Selbstverständlich benötigen wir auch in einer morgensterntypischen klingonischen Übersetzung einen Reim, der der Trennung eines Wortes (wie bei „raffinier-　 te Tier") entspringt. Hier wählen wir die zu einem Wort zusammengezogene immerwährende perfekte Stille:

tamchu'taHvIS　　　　 wird dann zu　　　　 A　　tamchu'-
　　　　　　　　　　　　　　　　　　　　　　 B　　taHvIS:

Und was machen wir mit der Gedichtzeile　　　 D　　maS tangqa'Hom ?

58

Hier haben wir noch keine Entsprechung. Diese schaffen wir uns wieder mit etwas literarischer Phantasie. Das Mondkalb wird bei uns ein weißes Mondkalb:

maS tangqa'Hom	–	calf of the moon	–	Mondkalb
chIS	–	to be white	–	weiß sein
chIS maS tangqa'Hom.	–	The calf of the moon is white.		
	–	Das Mondkalb ist weiß.		
maS tangqa'Hom chIS	–	white calf of the moon		
	–	weißes Mondkalb		

Jetzt reimt es sich auf die Zeile   B   taHvIS:

Und so erhalten wir eine endgültige, wenn auch zugegebenermaßen einigermaßen amateurhafte Übersetzung des Gedichts von Christian Morgenstern zu:

A	Ein Wiesel		A	naghHomDaq ba'pu'
A	saß auf einem Kiesel		B	baDjer Hajvav mIS
A	inmitten Bachgeriesel.		B	bobDarmey tlhentaHvIS
			A	bIQtIqHom machqu'.
B	Wisst ihr,			
C	weshalb?		C	qatlh pa' ba' ?
			C	boSov qar'a' ?
C	Das Mondkalb			
B	verriet es mir		A	peghvam mu'angpu'
D	im Stillen:		B	maS tangqa'Hom chIS
			A	tamchu'-
			B	taHvIS:
E	Das raffinier-			
E	te Tier		C	pa'jaHvaD wanI' turta'
D	tats um des Reimes willen.		C	Ha'DIbaHvam val. majQa' !

Nun wird es Zeit, auch den Titel zu übersetzen: Das ästhetische Wiesel (englisch: The asethetic weasel).

Doch was ist ein ästhetisches Wiesel? Hoffentlich doch wohl kein Opfer der ästhetischen Chirurgie – die es so zu Zeiten von Morgenstern noch gar nicht gab.

Ein ästhetisches Wiesel sollte ein Wiesel sein, dass die Ästhetik liebt. Und es ist immer das Gleiche: Trotz langer Suche habe ich kein kanonisch anerkanntes klingonisches Wort für „ästhetisch" oder „Ästhetik" gefunden. Und ärgerlicherweise auch kein Wort für „Schönheit", englisch: „beauty".

Aber es gibt ein Wort für „schön sein", das rückwärts gelesen auch gleich auf die ästhetische Chirurgie verweist, den Schönheitszwang unserer heutigen Generation:

| 'IH | – | to be beautiful | – | schön sein |
| HI' | – | dictator | – | Diktator |

Oder ist ein ästhetisches Wiesel kein Wiesel, das die Schönheit liebt, sondern die Harmonie, oder etwa Liedtexte (englisch: lyrics)?

'ISQIm	–	harmony	–	Harmonie
bom	–	song, chant	–	Lied, Gesang
mu'	–	word	–	Wort
bom mu'	–	lyrics	–	Liedtext, Lyrik (wörtlich: Wort des Lieds)

Was tun? Es mag in eine völlig falsche Richtung gehen, aber ich habe mich entschieden, dass ein ästhetische Wiesel ein leidenschaftliches Wiesel ist, das der Harmonie verfallen ist:

nong	–	to be passionate	–	leidenschaftlich sein
nong baDjer Hajvav.	–	The weasel is passionate.		
	–	Das Wiesel ist leidenschaftlich.		

baDjer Hajvav nong   –   the passionate weasel
                       –   das leidenschaftliche Wiesel
'ISQIm baDjer Hajvav nong
            –   the passionate weasel of harmony
            –   das leidenschaftliche Wiesel der Harmonie

Denn Schönheit und Ästhetik sind, Heisenberg zufolge, „die richtige
Übereinstimmung der Teile miteinander und mit dem Ganzen" (siehe
seinen Beitrag: Die Bedeutung des Schönen in der exakten Naturwis-
senschaft. In: Quantentheorie und Philosophie, Reclam Universal-
Bibliothek Nr. 9948, Stuttgart 1979).

Und „die richtige Übereinstimmung der Teile miteinander und mit
dem Ganzen", das ist pure, reine, definitive Harmonie. Deshalb fügen
wir der Harmonie noch die Substantiv-Nachsilbe {-na'} an, die diese
Entschiedenheit, diese definitive Zuordnung, betont:

'ISQIm   –   harmony   –   Harmonie
'ISQImna'   –   definite harmony –   definitive Harmonie

'ISQImna' baDjer Hajvav nong
            –   the passionate weasel of definite harmony
            –   das leidenschaftliche Wiesel der definitiven Harmonie
            =   das leidenschaftliche Wiesel definitiver Harmonie

Das ist ein langer Titel. Doch die Wahrheit ist: Der Titel müsste
eigentlich noch viel länger sein, denn Heisenberg erkannte nur einen
Teil des Wesenskerns der Ästhetik, die eine Hälfte der Schönheit.

Ein weiterer Physik-Nobelpreisträger, Subrahmanyan Chandrasekhar,
hat dies in seinem Beitrag „Beauty and the Quest for Beauty in
Science" (siehe: Truth and Beauty. Aesthetics and Motivations in
Science. The University of Chicago Press, Chicago 1990) sehr schön
herausgearbeitet. Er weist auf die zweite Schönheits-Hälfte hin.

Chandrasekhar zufolge fehlt noch ein weiteres Kriterium, um etwas als wirklich schön und ästhetisch charakterisieren zu können, das Kriterium von Roger Bacon: Schön ist nicht, was lediglich harmonisch ist. Schön wird etwas erst, wenn diese Harmonie in überraschender Weise verletzt, gebrochen wird.

Harmonie alleine reicht nicht. Sie muss auch wieder zerstört werden. Und das ist höchst klingonisch: Zerstörung erschafft Schönheit. Wir haben es also mit einer Harmonie zu tun, die zerstört oder verletzt ist:

rIQ	–	to be injured	– verletzt sein, beschädigt sein
bogh	–	which	– welche, welcher, welches
rIQbogh 'ISQIm	–	the harmony, which is injured	
	–	die Harmonie, die beschädigt ist	

(Im Englischen, Deutschen und Klingonischen können nicht nur Lebewesen verletzt sein, sondern beispielsweise auch der Stolz „injured pride" oder eben die Harmonie „injured harmony".)

Der korrekte, vollständige Titel müsste somit lauten:

rIQbogh 'ISQImna' baDjer Hajvav nong
 – the passionate weasel of definite harmony which is injured
 – das leidenschaftliche Wiesel definitiver Harmonie, die verletzt ist

Da dies aber viel zu lang wäre, belassen wir es beim Heisenberg und wählen als Titel das kürzere {'ISQImna' baDjer Hajvav nong}

Zum Schluss folgt noch eine Rückübersetzung des klingonischen Textes ins Deutsche. Vielleicht ist es eine kontraproduktive Forderung, dass sich die rückübersetzte Fassung auch irgendwie reimen müsste. Aber probieren wir es.

Bis zur sechsten Zeile haben wir eine schon halbwegs brauchbare Fassung. Wir könnten in Zeile 2 lediglich noch einen unbestimmten Artikel voranstellen. Und die Kontinuierlichkeits-Nachsilbe {-taH} von Zeile 3 drücken wir durch die zusätzliche Angabe von „permanent" aus.

1	naghHomDaq ba'pu'	Saß auf einem Kiesel
2	baDjer Hajvav mIS	ein verwirrtes Wiesel
3	bobDarmey tlhentaHvIS	während permanent Geriesel
4	bIQtIqHom machqu'.	von kleinerem Bach.
5	qatlh pa' ba' ?	Weshalb sitzt es dort?
6	boSov qar'a' ?	Wisst ihr es, ach?
7	peghvam mu'angpu'	Dieses Geheimnis mir verraten hat
8	maS tangqa'Hom chIS	das weiße Mondkalb
9	tamchu'-	– ganz still ge-
10	taHvIS:	wesen ist es die ganze Zeit.
11	pa'jaHvaD wanI' turta'	Für den Reim dieses Ereignis tat
12	Ha'DIbaHvam val. majQa' !	dieses kluge Tier. Sehr gut!

In den Zeilen 8, 9, 10 sollte sich irgendwie irgendwas reimen, möglichst auch etwas auf das „dort" von Zeile 5. Dafür kann die Angabe „die ganze Zeit" durch den Ausdruck „in einem fort" ersetzt werden.

Außerdem wird aus dem weißen Mondkalb ein „Mondkalb in weiß". Das reimt sich auf „leis' ", wobei wir nicht das übliche „still und leise", sondern „leis' und still" verwendet werden kann:

8	maS tangqa'Hom chIS	das Mondkalb in weiß
9	tamchu'-	– ganz leis'
10	taHvIS:	und still in einem fort:

Die morgensternsche Mitten-im-Wort-Trennung fällt hier weg. Dafür setzten wir diese, um Zeile 7 in absurder Weise in einen Reim zu überführen:

| 7 | peghvam mu'angpu' | Dieses Geheimnis mir verrat-
en hat |

Wir sind Amateure. Wir dürfen das. Auch wenn es vogonisch klingt und jedem ehrlichen Dichter und jeder ehrlichen Dichterin weh tun wird.

Bleiben noch die letzten beiden Zeilen am Gedichtende. Das leicht fade deutsche „Sehr gut!" kann durch ein schmissiges französisches „Bravo!" mit mehr Pepp ersetzt werden. Dann muss die vorletzte Zeile irgendwie auf ---o enden, beispielsweise

| 11 | pa'jaHvaD wanI' turta' | Für den Reim tat dies so |
| 12 | Ha'DIbaHvam val. majQa' ! | das kluge Tier. Bravo! |

„etwas so tun" bedeutet ja in der Tat ungefähr das Gleiche wie „durchführen". Und das klingonische {wanI'} streichen wir auch wieder, ist nur so ein Gefühl, dass es doch nicht passt.

Insgesamt erhalten wir dann die folgenden klingonischen und deutschen Finalversionen in einer sich jeweils halbwegs passabel reimenden Form:

1	naghHomDaq ba'pu'	Saß auf einem Kiesel	1
2	baDjer Hajvav mIS	ein verwirrtes Wiesel	2
3	bobDarmey tlhentaHvIS	während permanent Geriesel	3
4	bIQtIqHom machqu'.	von kleinerem Bach.	4
5	qatlh pa' ba' ?	Weshalb sitzt es dort?	5
6	boSov qar'a' ?	Wisst ihr es, ach?	6
7	peghvam mu'angpu'	Mir dieses Geheimnis verrat-	7
		en hat	8
8	maS tangqa'Hom chIS	das Mondkalb in weiß	9

9	tamchu'-	– ganz leis'	10
10	taHvIS:	und still in einem fort:	11
11	pa'jaHvaD turta'	Für den Reim tat dies so	12
12	Ha'DIbaHvam val. majQa' !	das kluge Tier. Bravo!	13

An dieser Stelle ist es nun Zeit, in uns zu gehen, innerlich zu ruhen, und dieses Mannes zu gedenken: Christian Otto Josef Wolfgang Morgenstern (1871 – 1914). Irgendwie mag ich ihn. Auf

https://de.wikipedia.org/wiki/Christian_Morgenstern
[abgerufen am 19. Juli 2023, 14:41]

lesen wir:

„Im Oktober 1897 unterzeichnete Morgenstern einen Vertrag mit dem S. Fischer Verlag, der die Übersetzung von Werken Henrik Ibsens betraf, obwohl er die norwegische Sprache noch nicht beherrschte."

Genau so halte ich es als Autor dieses Buchs mit dem Klingonischen. Learning-by-doing, wird schon irgendwie klappen. In diesem Sinne lesen wir weiter bei Wikipedia:

„Mit Freunden gründete Morgenstern die Zeitschrift *Deutscher Geist* unter dem Motto ‚Der kommt oft am weitesten, der nicht weiß, wohin er geht', einem Oliver Cromwell zugeschriebenen Zitat."

Schließlich gibt es nicht nur Murphys Gesetz:

„Alles, was schiefgehen kann, wird auch schief gehen."

Nein, es gibt auch Yhprums Gesetz:

„Alles, was funktionieren kann, wird irgendwann
einmal auch funktionieren."

Und sogar das, was nicht funktionieren kann, wird irgendwann einmal funktionieren!

Senken wir also unser Haupt in Demut, atmen tief durch und legen eine rote Rose am Mäusebunker (www.mäusebunker.de) in Berlin nieder zu Ehren dieses Mannes, dieses grandiosen Erschaffers der brutalistischen Lyrik. Christian Morgenstern zeigt uns das Skelett, die rohen Betonpfeiler der Gedichtkunst, dem béton brut des Geistes.

Und auch heute noch ruht seine Asche in brutalistischer Umgebung, umkreist von den Irren der Welt, Coronaleugnern und Asteroidenstaubliebhabern, was halt unser Planet alles so zu bieten hat.

Über die Menschheit können sich echte Klingonen nur wundern!

'ISQImna' baDjer Hajvav nong

naghHomDaq ba'pu'
baDjer Hajvav mIS
bobDarmey tlhentaHvIS
bIQtIqHom machqu'.

qatlh pa' ba' ?
boSov qar'a' ?

peghvam mu'angpu'
maS tangqa'Hom chIS
tamchu'-
taHvIS:

pa'jaHvaD turta'
Ha'DIbaHvam val. majQa' !

Klingonisch ist eine Kunstsprache.

Sollte Sie dies als Leserinnen und Leser irritieren, denken Sie bitte über folgende Charakterisierung auf Wikipedia nach: „Die Standardsprache, Deutsch oder Hochdeutsch genannt, ist (…) das Ergebnis bewusster sprachplanerischer Eingriffe."
(https://de.wikipedia.org/wiki/Deutsche_Sprache)

Auch Deutsch ist eine Kunstsprache.